MÉDITATIONS

POLITICO-PHILOSOPHIQUES

D'UN VRAI CITOYEN.

Par M. l'Abbé Renard,

Prêtre du diocèse de Belley et curé de Corlier.

LYON,

CHEZ PÉLAGAUD ET LESNE,

IMP.-LIB. DE N. S. P. LE PAPE,

Grande rue Mercière, n. 26.

1841.

MÉDITATIONS

POLITICO - PHILOSOPHIQUES.

LYON, IMP. DE PÉLAGAUD ET LESNE.

MÉDITATIONS

POLITICO - PHILOSOPHIQUES

D'UN VRAI CITOYEN.

Par M. l'Abbé Renard,

Prêtre du diocèse de Belley et curé de Corlier.

LYON,

CHEZ PÉLAGAUD ET LESNE,

IMP.-LIB. DE N. S. P. LE PAPE.

Grande rue Mercière, n. 26.

1841.

PRÉFACE.

Un vrai citoyen doit à la société, dont il est membre, le tribut de sa conviction. Cette idée seule m'a dirigé dans ce modeste travail, que j'abandonne à la critique de mes concitoyens, et que je publie, avec la garantie de ma bonne volonté.

La société des hommes possède assurément des principes constitutifs, des règles, des devoirs, qui ne sont pas toujours clairement démontrés dans une foule d'écrits où souvent la passion et les préjugés dominent plus que l'amour de la vérité. Dans notre époque actuelle, on a fouillé jusques dans les entrailles du corps social, pour en extraire des théories plus bizarres que raisonnables, des théories qui accordent plus à l'homme qu'au chef suprême de la société, des théories en un mot qui ont jeté les esprits dans un dédale de contradictions, d'où une force supérieure peut seule nous tirer. Cette noble mission ne me paraît pas devoir être livrée exclusivement à la puissance de la plume.

Cet écrit n'est point un système social ; ce système n'a-t-il pas été formé dès le principe par la main du Créateur, qui gouverne admirablement le monde dans l'ordre religieux, politique, tout comme dans l'ordre physique ? Ce n'est pas l'apologie exclusive de l'antiquité, et le blâme des idées modernes; ce sont tout simplement des considérations philosophiques, qui m'ont été suggérées par l'étude de l'histoire et des besoins de la société.

Ainsi, dans un écrit de ce genre, je ne dois pas soulever les passions, les préventions et les préjugés que l'opinion entraîne ordinairement à sa suite; il faut s'attacher à la vérité telle qu'on l'a connaît. Le droit divin qui, disons-le franchement, a été traité avec assez peu de respect par nos publicistes modernes, m'a paru être le premier fondement et la base essentielle de l'unité que l'on réclame aujourd'hui. Je m'y suis attaché, sans le placer dans une forme exclusive de gouvernement; principe unique de toute autorité, il suit toutes les formes gouvernementales que les nations adoptent; mais il répudie la souveraineté du peuple, qui est une erreur de fait et de droit tout à la fois. Néanmoins, cette souveraineté prétendue pourrait s'allier avec le droit divin, comme l'effet avec la cause, par l'application de l'autorité sociale.

La religion doit nécessairement jouer un rôle dans le corps social. Si je ne me montre pas partisan de la séparation du civil et du religieux, ce n'est que parce que je suis convaincu que la religion est inhérente à la société; car la collection des citoyens ne saurait être athée, puisque les membres individuellement pris doivent être religieux. Parmi les diverses religions qui se présentent aujourd'hui dans la société, je remarque la loi chrétienne ou le catholicisme, et je lui donne la préférence, parce que je la trouve dépositaire de principes plus sûrs en matière sociale, et d'une morale plus apte au développement des vertus du citoyen.

Cette préférence que le catholicisme mérite à si juste titre, la haute influence qu'il exerce sur la société, auraient pu m'engager à toucher la corde des hérésies; alors il m'eût été facile de démontrer jusqu'à quel point elles ont nui à la société. Maîs je n'ai pas dû aborder la question des dissidences religieuses, qui appartiennent spécialement au domaine théologique, parce que dans cet opuscule, je ne combats que l'athéisme politique, dont ne doivent pas être accusées les sociétés nationales qui ont adopté l'hérésie comme religion de l'état. En admettant que chez elles, il y a erreur de fait, on ne peut pas dire qu'il y ait réprobation du droit divin, comme dans une société nationale, qui serait assez orgueilleuse, pour n'admettre aucune religion comme lui étant propre.

Du reste, voici le plan général de cet écrit : je le partage en cinq livres. Dans le premier livre, je me borne à l'examen de la société en général, et de ses principes constitutifs. Après avoir fait quelques considérations sur l'origine de la société, j'arrive aux quatre penchants principaux, que Dieu a gravés dans le cœur de tous les hommes, et qui forment l'essence même de la société : ce sont le désir de la vérité, l'amour invincible de la société, le sentiment de l'honneur et l'estime de l'ordre. De là naissent l'unité sociale et l'obéissance à la société. Ces diverses questions seront développées dans sept chapitres.

Le second livre est consacré à examiner si la religion doit jouer un rôle quelconque dans le corps social ; huit chapitres formeront la matière de ce livre.

Je consacre le troisième livre à une espèce de dissertation sur l'état social, depuis l'établissement du Christianisme jusqu'à nos jours. Je désigne les sociétés diverses sous le titre d'empire des Barbares, empire du moyen-âge et empire du progrès.

L'examen de l'autorité sociale et des différentes formes de gouvernement sera l'objet du quatrième livre. Je commence par la souveraineté de la société, et je viens à l'autorité sociale, dont je développe l'origine, l'antiquité, les caractères principaux, la manière avec laquelle elle se perpétue dans le corps social, et le sujet qui est apte à la recevoir. Je la trouve dans toutes les formes de gouvernement : elle possède essentiellement la puissance législative, qui peut s'exercer collectivement. Je traite ensuite de la monarchie, de l'aristocratie, de la démocratie, de l'oligarchie ; je divise ce livre en onze chapitres.

Enfin, le cinquième livre n'est qu'une revue historique et philosophique des principales sociétés nationales qui ont existé avant l'établissement du Christianisme.

Puisse cet essai être utile à mon pays, et en éloigner ces idées de radicalisme, que la saine raison combat aussi bien que la religion.

« Le plus court chemin de l'immortalité « est de remplir, pour l'amour du beau, les « devoirs de la société civile (1). » « La loi

(1) Sophismes de Platon, page 185.

« n'est pas une invention de l'esprit humain, « ni l'établissement arbitraire des peuples, « mais une suite de la raison éternelle qui « gouverne l'univers (1). »

(1) Cicéron. Des lois, livre II, page 1194.

MÉDITATIONS

Politico-philosophiques

D'UN VRAI CITOYEN.

LIVRE PREMIER.

CHAPITRE PREMIER.

Idées générales sur la société des hommes.
Quelle est son origine ? Où la trouve-t-on d'une manière sûre, sans être exposé à tomber dans l'erreur, et dans les rêveries de certains systèmes sociaux ?

Cette réunion successive d'hommes ou de créatures raisonnables, qui habitent le globe terrestre, mérite d'être examinée et étudiée à fond par le philosophe chrétien, sensé et religieux. Ces mêmes hommes ne sont point nés pour vivre de caprice, au hasard, isolés, épars, sans éprouver le besoin de se communiquer leurs idées, et de s'unir entre eux par des sentiments et des devoirs réciproques. Ce penchant qui entraîne les hommes vers l'union, vers l'accord, est aussi invincible que celui qui les porte à contenter les besoins naturels. Telle est la première idée générale qu'on doit se former sur la société humaine. Idée noble, sublime, consolante, qui a sa racine première dans l'humanité !

Qu'est-ce donc que l'humanité ? C'est ce je ne sais quoi qui résulte de notre constitution naturelle, quand elle n'est point offusquée par des préventions injustes et déraisonnables ; c'est ce je ne sais quoi qui nous plaît, qui nous réjouit, qui nous attire à la vue les uns des autres, qui concilie l'homme à l'homme, qui produit en nous ce rapport de convenance, qui nous fait sympathiser avec ce qui nous ressemble, nous cause des mouvements mutuels de bienveillance, nous intéresse, nous attendrit, nous fait comme partager des maux, qui nous sont d'ailleurs personnellement étrangers. — Admirable livre que celui de la nature !

Quoi qu'on en dise, les véritables notions de la société se puisent moins dans les livres que dans le langage simple et naïf du cœur. Je suis homme, disait un personnage célèbre, et je ne regarde comme étranger pour moi, rien de tout ce qui touche les hommes. Ce beau précepte de l'Evangile : Vous aimerez votre prochain comme vous-même, est l'analyse la plus complète et la plus logique de la société générale des hommes ; ce magnétisme divin de la charité chrétienne, qui défend à l'homme de s'isoler, de s'envelopper mesquinement du manteau de ses seuls intérêts, sans avoir égard à ceux de son semblable, est la sanction la plus imposante du penchant pour la société que Dieu a gravé dans le cœur de tous les hommes. Je ne sais quelle raison ont consulté certains philosophes qui ont osé soutenir que l'homme n'est pas né pour la société. Cette misanthropie absurde, cet égoïsme dédaigneux n'outragent-ils pas la nature de l'homme ? Qui ne sait qu'il ne lui est pas plus possible de se défaire de cette affection, de ce je ne sais quoi qui lui crie au fond de l'âme, qu'il ne doit pas vivre seul, qu'à l'aimant de se dépouiller de cette propriété qui l'entraine vers le fer ?

Ici, j'interroge mon propre cœur. En apercevant mon semblable, ne suis-je pas comme saisi d'un mouvement subit de curiosité ? Vient-il des plages les plus isolées du monde, m'est-il possible de me défendre contre un certain attrait d'union et de rapprochement ? La difficulté même de saisir son langage excite ma curiosité, et je suis tout fier de trouver quelqu'un qui me ressemble. Un tel sentiment est assurément l'ouvrage de la Divinité. Un poëte païen, docile aux leçons d'une saine philosophie et aux mouvements de son propre cœur, a reconnu que c'est le Créateur commun qui nous donne à tous une affection mutuelle (1).

Puisque le philosophe païen a tranché le grand mot touchant l'origine de la société humaine, ne serait-ce pas une honte, pour le philosophe chré-

(1) Voir la satire XV de Juvénal, vers 148e.

tion, de lui demeurer inférieur ? Si les seules lumières de la raison l'ont conduit à cette conséquence d'où dérivent tous les devoirs sociaux, que ne doivent pas faire les lumières de la révélation qui nous instruisent sur l'origine commune de tous les hommes? Remontons à la source : ne trouverons-nous pas l'idée première de la société humaine dans le mariage imposant fait par la main même du Créateur : *Il n'est pas bon que l'homme soit seul.*

De là, comme d'une source féconde, découlent les règles naïves et touchantes, simples et sublimes tout à la fois, qui nous montrent, dans tout le genre humain, qu'une seule famille descendant du même Père. Alors, il ne faut plus se mettre l'esprit à la torture pour découvrir la véritable origine de la société. La même paternité et la même fraternité l'analysent admirablement. « Ainsi, la société « humaine est appuyée sur ces fondements inébran- « lables : un même Dieu, un même objet, une « même fin, une origine commune, un même « sang, un même intérêt, un besoin mutuel, tant « pour les affaires que pour les douceurs de la « vie (1). »

Les philosophes qui ont voulu chercher les véritables notions de la société dans des sources autres que celles que nous présentent les livres saints, sont tombés dans des rêveries absurdes ; ils ont prétendu que la société humaine ne provenait que

(2) Politique de Bossuet, page 22.

d'un contrat libre que les hommes auraient formé entre eux pour leur utilité mutuelle. Supposition chimérique qui n'a aucune époque dans l'histoire ; supposition non moins absurde que le rêve des deux genres d'hommes qui, selon Voltaire, habitent le monde. Parce que les liens de la famille leur ont paru insuffisants, ils ont cru que la sainteté du contrat devait avoir plus de force pour unir les hommes. Mais ils n'ont pas pris garde que le pacte ou la convention est moins à l'abri des passions, de la violence que l'idée de la famille, qui nous apprend « que tous les hommes sont frères ; que, « par conséquent, nul homme n'est étranger à un « autre homme, que chaque homme doit avoir soin « des autres hommes, que l'intérêt même nous « unit et que la terre même qu'on habite ensemble « sert de lien entre les hommes et forme l'unité des « nations (1). »

Plus je médite les livres sacrés que la Divinité a dictés aux hommes et qui contiennent la véritable histoire du genre humain, plus j'apprécie toute l'importance de la société ; il semble que tout renait en moi ; l'égoïsme ne m'inspire que du dégoût, la misanthropie m'effraye ; les théories fastueuses de la philosophie du XVIIIe siècle ne me présentent que des sources impures ou factices. Mais quand j'aborde la naïve et touchante simplicité des livres saints, je me désaltère alors dans la fontaine d'eau vive qui jaillit du rocher.

(1) Politique de Bossuet, page 7 et suivantes.

A travers ce prisme qui représente les couleurs au naturel, je ne suis plus embarrassé dans le choix des principes constitutifs de la société. Puisque le genre humain n'est qu'une grande famille de frères, je me retranche alors dans l'autorité paternelle et dans la vertueuse obéissance qui forment le nerf de la famille ; de là, je porte mes regards sur le monde entier, et je le considère comme une vaste cité renfermant dans son enceinte les mêmes citoyens.

Dès-lors j'examine si ce titre de citoyen, qui est un droit naturel, entraîne avec lui l'exclusion du privilége et de l'inégalité des fortunes ; et je vois que, dans cette grande famille, tout le monde ne peut pas occuper le même rang, quoique dans l'ensemble social tous les hommes soient de vrais citoyens; qu'il en est des dignités comme des plantes, dont la variété embellit la nature, et que néanmoins le soleil les échauffe toutes et les féconde. Je vois également que l'égalité des biens est impossible dans la pratique ; qu'il faut raisonner des richesses comme des eaux qui sont sur la terre, et qui sont en plus grande quantité dans la mer que dans les fleuves, les rivières et les ruisseaux. Cependant, si la mer voulait s'emparer du lit du fleuve, si le fleuve orgueilleux voulait troubler le ruisseau dans son cours, n'y aurait-il pas un bouleversement dans le globe ? Ainsi, quoique l'égalité de fortune ne puisse pas exister dans la société, le respect dû aux propriétés même les plus petites, est inhérent à l'idée de la société.

Il faut en convenir, l'étude de la société n'a aucune ressemblance avec la plupart des autres études qui ne roulent que sur un langage facultatif, sur des méthodes de pure convention. Sa première racine est toute entière dans le cœur de chaque homme ; elle s'appuie et se fonde sur une propension dont l'homme ne peut pas se dépouiller, sur une connaissance qui se présente à lui, comme naturellement, aux premiers instants du développement de sa raison.

Mais, malheureusement, ce qui devrait faire sa garantie, est précisément ce qui l'expose aux plus déplorables aberrations, quand elle est viciée par les passions et les préjugés. « La société humaine, « comme l'observe judicieusement Bossuet, a été « violée par les passions; il est aisé de comprendre « que cette perversité rend les hommes insociables. « L'homme, dominé par ses passions, ne songe « qu'à les contenter, sans songer aux autres (1). »

Quoiqu'il en soit, je résume ainsi ce qui a été dit dans ce chapitre : la société humaine est un penchant et un besoin naturels que le Créateur de toutes choses a donnés à l'homme, en le formant à son image, pour s'unir avec son semblable par des devoirs et des sentiments réciproques.

Or cette réciprocité, qui a son type premier dans la famille, est alimentée par le désir de la vérité, l'amour de la société, le sentiment de l'honneur, l'estime de l'ordre, quatre penchants que

(1) Politique de Bossuet, page 13.

Dieu a gravés dans le cœur de l'homme pour former tout le nerf du corps social, penchants qui sont l'expression de cette loi morale « qui régit le « monde des intelligences, comme la loi physique « qui régit les phénomènes de la nature (1). »

CHAPITRE II.

Du désir de la vérité envisagé comme premier principe social.

L'amour ou le désir de la vérité est le premier besoin du cœur de l'homme qui aime à communiquer ses idées à ses semblables et à vivre avec eux d'amour et d'intelligence. D'où je conclus que le désir de la vérité doit être considéré comme le premier lien social, parce qu'il serait contraire à l'ordre naturel que des frères cherchassent à tromper d'autres frères. La vérité est à la vie sociale, ce que le soleil est à la terre; si cet astre était habituellement enveloppé de nuages, la terre n'aurait plus de fertilité. De même, si la vérité était condamnée à céder le pas à l'astuce et à la déception, la vie des citoyens ne serait qu'une déplorable illusion. En effet, ôtez la vérité du commerce, des transactions particulières, des relations générales ou spéciales que les hommes ont entre eux,

(1) Etudes des orateurs parlementaires par Timon, tome I, page 150.

qu'aurez-vous alors ? une société sans nerfs, sans force, troublée, déchirée, se débattant dans le désespoir et l'agonie de la mort, une société amie du crime, ennemie de la vertu.

Or, le désir de la vérité n'est pas pour l'homme un besoin précaire, passager ; c'est un besoin pour toutes les époques de la vie et pour toutes les classes de la société. Elle n'est pas comme les autres vérités scientifiques qui se renferment dans leur ornière spéciale et envisagent les autres objets comme indifférents ; il n'y a point d'analogie entre elle et les sciences abstraites. Qui ne sait que la science d'un philosophe, parfaitement instruit des causes et des effets, ne serait pour la société qu'un grossier mensonge s'il débitait de fausses maximes en matière d'administration ?

Il est vrai, dans l'ordre social, la science est comme les greffes, dans l'ordre végétal, qui ne réussissent pas sur toutes sortes de sujets. Mais il n'en est pas de même de la vérité qui, quoique plus connue d'une certaine classe de citoyens, ne doit pas être étrangère aux autres. Cette variété de vérité, si je puis m'exprimer ainsi, forme dans le corps social un intéressant tableau revêtu de ses ombres et de ses reliefs.

On me demandera peut-être si la vérité sociale est quelque chose d'abstrait, d'absolu, ou si c'est un terme relatif. Une discussion de ce genre serait fastidieuse et n'amènerait à aucune utilité. Je réponds cependant que je la considère comme une émanation de la vérité divine. La clarté qu'elle répand est pure, sans nuages, et ne demande que des yeux sains et exempts de la maladie des préjugés et des passions. « Dans le fond, qu'est-ce que la « vérité, s'écrie un auteur assez distingué ? ce « terme abstrait n'exprime point l'essence absolue « des idées ou des choses, mais simplement la « conformité qu'on y découvre avec leurs principes, « avec leurs modèles, avec leurs règles (1). »

Quoiqu'il en soit, sans être absolument ennemie de la variété des opinions que le doute et le désir de s'instruire peuvent faire naître, elle rejette impitoyablement les opinions couronnées de fausses couleurs, qui s'enveloppent hypocritement du manteau du bien public pour dérober aux regards de la multitude leur égoïsme et leur ambition. Elle veut que les rayons de lumière partent tous du même soleil, et de là réfléchissent sur tous les hommes suivant leur degré d'intelligence.

La vérité sociale n'aime point les disputes mesquines, les déclamations trop passionnées ; son langage est simple, modeste, naturel ; elle admet les discussions consciencieuses pour briller d'un nouvel éclat, comme l'or admet le creuset et le marteau pour s'épurer ; néanmoins elle ne cherche point à approfondir certaines bases sociales, dont la Divinité semble s'être réservé la connaissance. Elle sait qu'il y a des mystères dans l'ordre social,

(1) La Règle des devoirs que la nature inspire à tous les hommes, tome I, chapitre X, page 289.

tout aussi bien que dans l'ordre religieux ; elle ne prétend donc point avoir la fierté de l'aigle pour fixer imprudemment le soleil de la vérité éternelle; elle verse des larmes sur l'aveuglement de ces esprits orgueilleux qui veulent pénétrer les fondements sociaux, qui abusent du talent de la parole et de l'écriture pour débiter des erreurs politiques, commettent une espèce de sacrilége contre la société dont ils sont membres, qui a le droit d'attendre d'eux tout ce qui conduit à la vérité.

Ce portrait de la vérité sociale pourrait paraître factice ou paradoxal aux esprits superficiels et prévenus ; mais il suffit d'interroger la plus haute antiquité, et l'on verra que la vérité a été regardée par tous les peuples et les philosophes sensés comme la première base de la société humaine. Pourquoi ? parce que la vérité est essentiellement liée avec la vertu. Or, sans vertu, point de société; puisque ce n'est que pour le bien que les hommes ont reçu du divin créateur ce penchant naturel qui les porte à s'unir entre eux. « Le bien, disait Sé-
« nèque, est toujours joint au vrai ; car s'il n'était
« pas vrai, il ne serait pas bien et n'en aurait que
« les fausses apparences (1). »

Du reste, le désir de la vérité, qui est un don précieux du Créateur, n'a pas toujours été fort respecté dans ces catastrophes sociales que l'on qualifie du nom de révolution, et qui doivent être

(1) Cité dans la Règle des devoirs, tome I, chapitre X, page 289.

moins attribuées à la violence des masses qu'aux partis et aux factions qui s'écartent toujours de la vérité, et entravent, dans leur marche consciencieuse, ceux qui tiennent le timon des affaires publiques. Il est vrai, quand les révolutions ont lieu, les masses sont ébranlées et agissent toujours avec violence. En envisageant le peuple sous le point de vue de ces faits grossiers, on serait presque tenté de croire qu'il n'éprouve aucun désir pour la vérité. Cependant, je ne crains pas de dire que c'est ordinairement lui qui manifeste un plus grand amour pour la vérité, parce que ses besoins sont simples, naïfs et naturels; il ne demande pas à sortir de l'ornière où l'a placé la divine Providence; il sait bien qu'une nouvelle position serait pour lui un vrai mensonge. Malgré cette heureuse disposition, pourquoi est-il donc trompé ? c'est que ses moyens de subsistance et sa trop grande crédulité sont plus adroitement exploités par la classe égoïste et ambitieuse.

Ces sortes d'aberrations sociales n'auraient pas lieu si la classe plus instruite savait profiter de cette heureuse disposition du peuple ; le langage mâle, noble et généreux qu'il entendrait lui ferait mieux sentir le prix de la tranquillité ; à l'abri des prestiges de la séduction,son industrie s'agrandirait, se développerait sous les auspices de la vérité.

Je dois, avant de terminer ce chapitre, résoudre une difficulté qui se présente comme naturellement. Est-il vrai que les solitaires qui, dans les premiers siècles de l'Eglise et au moyen-âge, se sont, en quelque sorte, soustraits à la société pour s'ensevelir tout vivants dans la solitude, aient violé ou méconnu les devoirs sociaux ? La philosophie du XVIIIe siècle et nos modernes n'ont pas craint de lancer, contre des corps si respectables, une accusation de ce genre. On n'a pris garde que les pieux solitaires se sont conformés aux premiers besoins de la société, l'amour de la vérité, qui a brillé d'un éclat tout particulier dans ces vastes solitudes consacrées à la prière, au travail des mains, à l'étude et à la conservation des lettres. Du fond de leurs antres, ces pieux et savants solitaires offraient à leurs frères dans le monde la belle et brillante coupe de la vérité sociale, ornée, embellie de la doctrine sainte. Qu'ont fait nos fanfarons amateurs de la société ? L'ont-ils respectée dans ses croyances religieuses, politiques ? Non, mille fois non ; ils ont semé dans son sein les germes de l'erreur, du mensonge, de la désunion, du désordre et de la corruption.

Faut-il le dire ? c'est par là que j'achève ce chapitre. Dans tous les siècles l'orgueil des philosophes a toujours été le même ; dans leur sotte vanité, ils se sont crus seuls dépositaires de la vérité sociale, et seuls appelés à diriger les souverains dans l'art si difficile de gouverner les hommes. Je ne sais trop s'ils doivent être considérés comme d'heureux conseillers des têtes couronnées ; je ne parle point des philosophes anciens qui, sur ce point, ont été plus sages que les modernes, dont les conseils n'ont pas été très salutaires aux monarques qui les ont suivis et aux peuples sur lesquels on a voulu faire l'expérience de leurs théories et de leurs systèmes mensongers.

Le lecteur sensé me pardonnera cette digression, et convaincu, avec saint Basile, « que le meilleur « de tous les biens c'est la vérité, et que le pire de « tous les maux ou l'excès de l'injustice, c'est le « mensonge (1), » il cherchera cette base sociale dans le seul philosophisme qui ne subit point de variation, dans ce philosophisme qui reconnaît pour son auteur le divin régénérateur de la société humaine qui s'est présenté aux hommes comme la seule voie qui conduit à la vérité : « Je suis la voie « et la vérité (2). »

CHAPITRE III.

De l'amour de la société considéré comme le second principe social.

L'amour de la société découle naturellement des entrailles mêmes de la vérité ; car l'homme aimera toujours ce qui est vrai. Donc, si la vérité était bannie du corps social, cet amour, qui est inné

(1) Règle des devoirs, tome 1, page 288.

(2) Paroles de Jésus-Christ. Evangile.

dans l'homme, s'affaiblirait insensiblement, et se changerait même en rage et en fureur.

Il en est de l'amour de la société comme de l'amour maternel. Si les enfants aiment naturellement leur mère, de même les citoyens aiment naturellement la société dont ils sont membres et qui est leur mère commune; ce corps moral qui les constitue et qui leur communique la vie sociale, ne saurait exister sans union; et sans union, point d'amour. Je trouve l'amour social écrit en caractères indélébiles, dans ce beau précepte de l'Evangile : *Aimez-vous les uns et les autres.* De là, comme d'une source féconde, naît cet amour pur, raisonnable, désintéressé, que ni les temps, les hommes et les lieux ne peuvent altérer, changer ou éteindre. En effet, si c'est un principe sacré d'aimer les individus, c'en doit être un également d'aimer la collection de ces mêmes individus.

Cet amour général de la société, qui fait que les hommes aiment à s'unir entre eux, ne devient principe social que parce qu'il nous porte à nous former de l'homme un type plein de dignité, un type basé sur l'estime mutuelle; car l'amour est toujours proportionné à l'estime. Donc, pour aimer l'humanité, il faut l'estimer. « Celui, au contraire,
« qui ne s'est fait de l'homme qu'un type misérable,
« ignoble, incertain; celui qui se complaît à consi-
« dérer le genre humain comme un troupeau de
« bêtes, ou rusées ou sottes, nées uniquement
« pour se nourrir, procréer, s'agiter et redevenir

« poussière ; celui qui ne veut voir rien de grand « dans la civilisation, dans les sciences, dans les « arts, dans la recherche de la justice, dans notre « insatiable passion pour le beau, le bon et le « divin, ah ! quelle raison aura-t-il de respecter « sincèrement son semblable et de l'aimer (1) ? »

Il y a des philosophes qui prétendent que l'intérêt qui unit les hommes est le seul mobile de cet amour social. Je ne disconviens pas que l'intérêt commun ne soit inhérent à la société. « Le frère, aidé de « son frère, dit le Sage, est comme une ville « forte (2). » C'est pourquoi, « Dieu voulant éta- « blir la société, veut que chacun y trouve son « bien et y demeure attaché par cet endroit (3). » Cependant le véritable amour est naturellement désintéressé, et a moins sa racine dans l'égoïsme que l'intérêt alimente, que dans la sympathie qui naît de la similitude et qui porte toujours à un rapprochement, à une union quelconque, suivant l'adage reçu de tout le monde : *Le semblable se plaît avec son semblable ; simile simili gaudet.*

La première conséquence de l'amour de la société est l'amour de la patrie, puisque c'est « de « la société générale du genre humain que naît la « société civile, c'est-à-dire celle des états, des « peuples et des nations (4). » Cet amour de la

(1) Devoirs de l'homme, par Sylvio Pellico, chapitre VI, page 21 et 22.

(2) Proverbes, chapitre XVIII, ♰ 19.

(3) Politique de Bossuet, article I, VIe proposition, page 11.

(4) Politique de Bossuet, article II, p. 13.

patrie me paraît fort bien analysé par un philosophe chrétien : « Où la raison est égale il faut « que le sort décide ; l'obligation de s'entr'aimer « est égale dans tous les hommes et pour tous les « hommes. Mais, comme on ne peut pas également les servir tous, on doit s'attacher principalement à servir ceux que les liens, les temps « et les autres rencontres semblables nous unissent « d'une façon particulière comme par une espèce « de sort (1). » Il est vrai, quand il est question de principes, ce ne sont pas une montagne, un ruisseau, une rivière, un fleuve, une mer qui forment les limites des diverses patries qui doivent en décider. Le cynique prend de là occasion de déprécier le sentiment patriotique. L'amour de la patrie, dit-il, n'est qu'une espèce d'égoïsme que partage un groupe d'hommes, afin d'autoriser leur aversion pour le reste de l'humanité.

Si cet amour patriotique était exclusif, le cynique aurait raison, parce qu'il vaut mieux être citoyen du monde que d'une région particulière. Mais il se trompe dans son hypocrite philanthropie; pourquoi? parce que l'amour de la patrie n'est point opposé à l'amour de la société générale ; il n'en est qu'une suite, et il est nécessaire à chaque société nationale, qui n'est qu'une fraction de la grande famille.

« L'humanité se divise en différents peuples ; « tout peuple est une agrégation d'hommes que la

(1) St. Augustin. De la Doctrine chrétienne, livre 1er, chapitre XXVIII, 5e colonne, ligne 14.

« religion, les lois, les coutumes, l'identité de « langage, d'origine, de gloire, de plaintes, « d'espérances unissent en particulière sympa- « thie (1). » Or, cette sympathie a sa source dans le principe général, l'amour de la société ; ce n'est qu'un ruisseau qui est alimenté par le fleuve. Mais, quelque beau que soit l'amour du pays natal, il ne doit pas mettre obstacle à l'amour de l'humanité.

Je dois le dire en passant, la diversité des opinions est le vrai tombeau de l'amour de la patrie. On laisse égarer son esprit et son imagination dans des rêveries de gouvernement ; on se partage en section, en parti, et souvent on laisse derrière soi un abîme fatal qui ôte tout espoir de rapprochement. Au milieu de ce dédale d'utopies, de principes hétérodoxes, d'améliorations matérielles, qui lève fièrement la tête ? L'égoïsme. L'amour patriotique est le lien le plus solide d'une société nationale ; mais il est presque toujours en raison inverse du luxe excessif et de la trop grande prospérité. « La société civile, parvenue au plus haut degré « de perfection, est voisine de sa dégradation et « de sa dissolution, triste vérité confirmée par l'ex- « périence de tous les siècles (2). » La religion, seule dépositaire du vrai patriotisme, peut arrêter ou du moins retarder le cours du torrent de la

(1) Devoirs de l'homme, par Sylvio Pellico, chapitre VIII, page 30.

(2) Dictionnaire théologique de Bergier, article Société.

corruption. Oui, sans les sages leçons du Christianisme, cette décadence de l'amour social ferait des progrès plus rapides et plus effrayants. La religion seule, dans notre siècle égoïste, tient sur le bord du précipice, pour l'empêcher de s'y précipiter, cet amour de la patrie, qui faisait jadis palpiter tant de cœurs généreux.

CHAPITRE IV.

Du sentiment de l'honneur envisagé comme troisième principe social.

Une société sans honneur n'inspirerait aux citoyens ni amour ni confiance; tout le monde en convient, il serait inutile de le prouver. Donc le sentiment de l'honneur, qui est universel chez tous les hommes, doit être considéré comme un principe social. Or, qu'est-ce donc que cet honneur dont le sentiment est aussi invincible que le désir de la vérité et l'amour de la société? J'entends, par honneur, cette droiture d'esprit et de cœur qui se manifeste par des actions et des sentiments uniformes. En parlant ainsi, je nomme l'amour de la justice et le désir de la gloire que l'on trouve chez tous les peuples, et auxquels le sage donne le droit d'ennoblir les nations et de les rendre puissantes : « La

« justice élève les peuples ; le péché les rend misé-
« rables. *Justitia elevat gentes* (1). »

L'amour de la justice apprend au citoyen les règles qu'il doit suivre dans la grande famille dont il est membre. Le désir de la gloire l'avertit qu'il est fait pour elle : « Ce qui conserve les bonnes mœurs, « dit M. Bayle, ce sont les idées de l'honnête et le « désir d'une bonne réputation. Or, ajoute l'Au« teur de la *Règle des Devoirs*, en le citant, ces « idées de l'honnête, ce désir d'une bonne réputa« tion sont en nous des sentiments indépendants « des lois humaines (2). » Ils ont été gravés dans le cœur de tous les hommes par le Créateur. Ce qui le prouve, c'est qu'il y a toujours eu des peuples sans aucunes lois rédigées de la main des hommes, qui pourtant observent entre eux toutes les lois de la sociabilité, de l'humanité, de la justice, et dans la communauté de biens qu'ils conservent, ils les partagent à chacun selon ses besoins ; la fraude, l'artifice, la violence, les usurpations sont inconnus chez eux.

Ce que je viens de dire n'est point un paradoxe. Que chaque citoyen consulte ce qui se passe au-dedans de lui-même : il verra que, quand on lui parle d'humanité, de douceur, de bonté, de bienfaisance, d'équité, de sincérité, de bonne foi, toutes ces qualités trouvent en lui un goût formé ;

(1) Proverbes de Salomon, chapitre XIV, ℣. 34.

(2) Règle des devoirs, tome 1, chapitre IV, page 119.

n'approuve-t-il pas, n'aime-t-il pas les citoyens en qui il les voit paraître ? n'écoute-t-il pas avec une avidité qui va jusqu'à l'attendrissement, le récit de certaines vies où les vertus ont brillé dans un degré plus éminent ?

Le désir de la gloire qui accompagne toujours l'amour de la justice, est un aiguillon puissant qui fait supporter avec joie les sacrifices qui sont prescrits par les lois de la société. Les anciens immolaient sur les autels de la gloire tout ce qu'ils avaient de plus précieux. Le citoyen, considérant, d'un côté, toute l'étendue du mérite qui est inhérent à ce titre, aime, d'un autre côté, à envisager la nature de sa récompense s'il se montre fidèle à remplir sa destinée sociale. Ce sentiment, qui porte naturellement le citoyen à l'amour de la gloire, ne doit pas être confondu avec l'orgueil et l'égoïsme ; il est même présenté, par le grand Apôtre, comme une des conséquences principales de l'autorité sociale établie de Dieu, dont le but premier est de donner des louanges aux bons citoyens (1).

On peut dire que tous les peuples se sont montrés fidèles au sentiment de l'honneur ; mais l'application n'a pas toujours été très uniforme. Ainsi, dans sa folle prétention, telle société nationale s'est crue plus parfaite que les autres. Du reste, cette prétention n'a pas toujours été sans fondement ; car il y a des peuples qui ont été en cela plus favorisés

(3) Voir l'épître de St. Paul aux Romains, chapitre XIII, ✠. 3 et 4.

de la fortune. Que dis je ? n'est-ce pas la divine Providence qui a permis cette espèce d'élévation, de supériorité de certains peuples pour mieux faire sentir la profondeur de leur chute ? Je prends pour exemple le peuple romain qui avait le droit d'ennoblir les autres par le droit de cité. Qu'est-il devenu aujourd'hui ? je le cherche, et je ne le trouve plus ; sa superbe capitale compterait à peine dans le monde, si elle n'était pas relevée par le chef de l'Eglise.

Disons-le en passant, il est un orgueil qui relève les nations, c'est celui qui se résume dans le sentiment de l'honneur, tel que je viens de le décrire ; mais il en est un qui les abat et les humilie. Dans cette dernière hypothèse, je place cette fierté vaine, qui voudrait usurper une autorité que la nature même des choses ne permet pas. Qui ne sait qu'une nation qui prétend être souveraine, et ne regarde ses rois que comme ses commis ou ses mandataires, se repaît d'un honneur éphémère et d'un orgueil suivi de l'humiliation ?

Plusieurs peuples ont été séduits par ce meurtre en masse que l'on nomme la guerre. Là se trouve une brillante carrière ouverte à la gloire et à l'héroïsme ; mais là ne se trouve pas toujours la justice, condition indispensable du vrai honneur. Un peuple que l'ambition seule porte à inquiéter ses voisins, se déshonore même par les lauriers de la victoire. Mais un peuple qui s'arme pour faire respecter ses droits outragés, combat pour une cause honorable.

Quoi qu'il en soit de la guerre, que la divine Ecriture loue quand elle est juste, je crois que ce sentiment d'honneur chez les nations se trouve plus logiquement placé dans une paix honorable, dans une sage législation qui garantit les droits du citoyen, dans cet amour et cette pratique des principes religieux qui lient le ciel avec la terre; en un mot, fidélité aux devoirs de citoyen, générosité envers la patrie, reconnaissance envers le chef qui porte le poids de l'autorité, telle est l'analyse de cet honneur national que Dieu a gravé dans le cœur de tous les peuples, comme principe social, de cet honneur qui relève les nations, les fait prospérer et les rend respectables aux yeux de leurs voisins.

Plus les sociétés sont antiques, plus elles sont marquées au coin de l'honneur. Pourquoi? Parce qu'elles ont respecté davantage leurs lois fondamentales, elles se sont montrées dociles à la fidélité et elles n'ont pas salué, avec cet enthousiasme hypocrite, les révolutions qui ne mettent en jeu que l'égoïsme et l'ambition. Malheur à la nation qui suit de pareils guides! si elle croit s'honorer par cette force grossière et brutale qui étourdit, par cette législation bâtarde qui éblouit, elle se trompe assurément.

L'égoïsme a-t-il jamais fait alliance avec le véritable sentiment de l'honneur? avec son front d'airain il se traîne fièrement dans ce tourbillon de bascule qui épuise et les hommes et les choses;

pour se maintenir, il varie habilement l'astuce et la corruption ; mais sa position est une véritable ignominie.

CHAPITRE V.

De l'estime de l'ordre, quatrième principe social.

L'ordre consiste dans le parfait équilibre des éléments sociaux, La loi, soit naturelle, soit religieuse, soit civile, préside à l'ordre ; l'autorité sociale le maintient par une sévérité sagement mesurée, et la religion le cimente par les liens sacrés de la charité. Sous les auspices de l'ordre, les rois et les peuples respirent à leur aise ; les sciences et les arts fleurissent ; les droits religieux sont respectés, et la société devient noble et imposante. Cet équilibre des éléments sociaux fait que la ligne de chaque citoyen est régulièrement tracée ; il ne peut subsister avec ces empiétements brusques, irréguliers qui détraquent toujours la machine sociale, et obtiennent les priviléges à l'aide de l'intrigue et de la cabale.

Le sentiment de l'honneur, sainement entendu, produit l'estime de cet ordre précieux. Que dis-je ? ce sentiment qui attache le citoyen à l'ordre social est aussi inné que les autres ; Dieu l'a gravé en caractères ineffaçables ; et, pour renoncer à l'ordre, il faut abandonner la société. Tous les peuples ont estimé l'ordre, quoiqu'il n'ait pas existé chez tous avec un égal degré. Quoiqu'il en soit, on l'a toujours vu régner plus constamment et avec une plus grande solidité chez les nations qui se sont moins écartées de leurs principes constitutifs.

Il y a des philosophes qui soutiennent que l'ordre n'a son point d'appui que dans la force des lois humaines qui punissent et qui récompensent. Je ne veux pas entrer dans l'examen de cette assertion, et je me contente de dire avec un écrivain assez juste appréciateur des choses : « L'unique but des législateurs, leur unique attention fut de rappeler les « hommes à leur propre nature, de les contraindre « à la suivre pour conserver à chacun ses droits et « pour leur assurer la tranquillité qui naît de l'observation de l'ordre (1). »

L'irruption des faux intérêts dans les sociétés a pu faire juger les lois écrites nécessaires. J'en conviens ; mais cela n'empêche pas que l'estime de l'ordre aurait pu contenir les passions ou les penchants dans les bornes des vrais besoins. Dès-lors il n'y aurait point eu de sujets de division parmi les hommes, les biens que la nature leur offrait suffisant à tous. « Mais à mesure que l'abondance « et les arts ont augmenté, les commodités de la vie, « les cupidités ont suivi le même progrès (2). »

Quoiqu'il en soit de ces causes de la législation

(1) Règle des devoirs, tome 1, chapitre IV, page 123.

(2) Règle des devoirs, tome 1, chapitre IV, page 121.

humaine qui prouvent qu'en tout temps on a envisagé l'ordre comme un principe social ; cette devise : *Sûreté*, *ordre public*, sera toujours le plus beau cri de ralliement d'une nation, et le citoyen qui veut réfléchir, la trouvera toujours écrite dans son cœur.

Cette estime de l'ordre fait que l'on considère, et le pouvoir, et les lois de la société à laquelle on appartient ; une royauté solidement établie sera toujours le véritable type de l'ordre. « Chaque ci-« toyen renonçant à sa volonté, la transporte et la « réunit à celle du prince et du magistrat. Autre-« ment, il n'y aurait point d'union ; les peuples « erreraient vagabonds comme un troupeau dis-« persé. Dans tous les siècles on a compris que cet « ordre est le frein de la licence. Quand chacun « fait ce qu'il veut et n'a pour règle que ses désirs, « tout va en confusion (1). » Ainsi, la révolte armée des masses et les révolutions sont ordinairement le délire d'un peuple qui s'enivre dans la coupe de la liberté. Les changements de gouvernements, quels qu'en puissent être les motifs, nuisent toujours au repos des citoyens, et souvent il est plus sage de conserver un prince faible, que de chercher à le déposséder aux dépens de l'ordre public. Ces maximes politiques seront toujours écrites dans le cœur du citoyen non abusé.

Si on ne veut pas interroger la nature, dont la

(1) Politique de Bossuet, article III, propositions 2e et 3e, pages 22 et 23.

voix est presque toujours étouffée par les préjugés de l'opinion, qu'on consulte du moins l'expérience. Depuis que le faux principe de la souveraineté du peuple a été mis en avant par des publicistes imprudents, la société n'a-t-elle pas été continuellement agitée par de furieuses tempêtes? Cette théorie mal fondée, ou si l'on veut mal comprise, a démoralisé le citoyen, loin de lui faire faire des progrès dans l'estime de l'ordre. Pourquoi cela? C'est que la liberté est une liqueur qui irrite la soif des peuples et ne l'étanche pas.

La conservation des intérêts matériels, me dira-t-on, suffit pour retenir le citoyen dans les limites de l'ordre. Je le veux. Mais alors il devient égoïste et renonce aux grandes choses; il n'estimera plus l'ordre comme citoyen ou membre de la grande cité, et il se retranchera dans une lâche indifférence, jusqu'à ce que la force des circonstances amène ces catastrophes extraordinaires qui font reculer les nations d'un siècle.

Ici je dois examiner si l'ordre social est essentiellement stationnaire. Ce principe social, considéré en lui-même, est comme un pivot autour duquel doivent tourner toutes les institutions de la société. Sous ce point de vue, il est évidemment fixe, permanent. Sans cela, la société serait continuellement ballotée par le flux et le reflux des révolutions; mais, envisagé dans son application ou son exercice, il doit suivre la progression des mœurs; il n'est donc pas ennemi d'un progrès sage et réservé. La société civile est née pour le développement dans ses causes secondaires, quoique ses causes premières doivent toujours rester les mêmes. Serait-il raisonnable de lui interdire les leçons de l'expérience ?

Du reste, dans les progrès que l'ordre social comporte, il ne faut pas oublier trop légèrement l'expérience du passé, et il faut accueillir avec de grandes précautions les institutions nouvelles, quelque sages qu'elles puissent paraître. Les peuples qui se lancent dans la nouveauté font ordinairement des expériences aux dépens de l'ordre ; et après de longs jours de malaise, ils ne recueillent pas plus qu'auparavant. Un cultivateur éclairé ne change pas toutes les années l'assolement de ses terres ; du moins ce ne serait pas un moyen sûr d'introduire l'abondance dans ses greniers.

Le citoyen ami de l'ordre rejette les abus du passé ; mais il se fait un devoir de conserver ce qu'il offre de bon. A ses yeux, la religion n'est pas étrangère à l'ordre social ; il s'incline devant ses antiques traditions, et dans ce tableau tracé par la main divine, il reconnaît un modèle parfait d'une société bien organisée.

Je termine ce chapitre par les réflexions suivantes d'un écrivain judicieux : « Le vrai citoyen « ne va jamais se confondre, ni avec l'adulateur « du pouvoir, ni avec l'adversaire haineux de « toute autorité ; être servil et être insoumis, sont « deux excès pareils ; il n'invoque ni ne suscite les

« dissensions civiles : il est, au contraire, par son « exemple et ses paroles, autant qu'il est en lui, le « modérateur des exagérés, le partisan de l'indul- « gence et de la paix (1). »

CHAPITRE VI.

De l'unité sociale.

En parcourant les divers systèmes émis par un grand nombre de publicistes, on est tenté de croire que l'unité sociale est une chimère tout aussi bien que la pierre philosophale ; car la plupart des moyens que l'on indique pour y parvenir roulent sur un cercle vicieux, et ne sauraient porter la conviction dans l'âme du philosophe sensé. Cependant l'unité sociale existe, et elle est une conséquence immédiate de l'unité de Dieu, chef suprême de la société.

Pour mieux me fixer dans mes idées, je distingue deux sortes d'unités sociales, l'une absolue, et l'autre relative. L'unité absolue a sa base première dans le droit divin, qui est aussi certain que l'existence de la Divinité. L'unité relative consisterait dans l'uniformité des formes gouvernementales. La réalisation de cette unité dans la société sera tou-

(1) Devoirs de l'homme, par Sylvio Pellico, chapitre IX, pages 34 et 35.

jours un rêve, parce qu'elle n'entre pas dans les desseins de la divine Providence, qui n'a pas jugé à propos de la mettre en pratique par une théocratie universelle : néanmoins la beauté de cette unité est digne de faire palpiter les cœurs généreux. La liberté voudrait l'enrôler sous son étendard, mais elle n'a pas reçu cette mission. Ce ne sera donc pas de cette unité que je vais m'occuper dans ce chapitre.

Qu'est-ce que l'unité absolue ? Ce n'est autre chose que le droit divin qui dirige, protége, sanctionne les droits généraux de la société et le droit particulier de chaque société politique ; c'est un soleil moral qui lance ses rayons sur toutes les parties du corps social, et les reçoit par la reverbération de l'obéissance.

Eh ! remarquons comme tout, dans ce vaste univers, marche par l'unité. Le monde physique est dirigé par des lois uniformes qui, quoique variées, pivotent dans l'unité. Le monde moral ou religieux a pour centre d'unité la loi naturelle et la révélation divine qui forment une alliance unique. Dieu aurait-il livré le monde social aux caprices des hommes, au prétendu droit résultant de la souveraineté du peuple ? Sa main, qui partout se fait sentir, se serait-elle retirée quand il aurait été question de la société ? Si donc le droit divin dirige le monde physique, le monde moral ou religieux, il faut aussi qu'il dirige le monde politique.

Dans le monde physique, l'application du droit divin n'est autre chose que le cours régulier de la nature. Dans le monde moral ou religieux, ce droit sacré a son fondement dans la révélation qui nous est transmise par la tradition et l'autorité religieuse. Dans le monde politique, Dieu exerce son droit par le moyen de l'autorité sociale qu'il a établie son mandataire, et qu'il a confiée à la société comme un dépôt sacré. Avec une doctrine aussi sûre, aussi raisonnable, est-il nécessaire de se creuser l'imagination et le jugement, pour parvenir à l'unité sociale ? Il suffit d'admettre l'existence de Dieu qui ne saurait renoncer au droit qu'il a sur ses créatures, quelque soit le point de vue sous lequel on les envisage. Dès lors disparaissent comme une vaine fumée toutes ces utopies sociales qui, pour s'écarter du droit divin, conduisent à une aberration indéfinie.

Ici je dois observer que tous les écrivains qui ont soutenu, et qui aujourd'hui soutiennent encore la souveraineté du peuple, comme un moyen de parvenir plus logiquement à l'unité sociale, ne poussent pas l'impiété jusqu'à nier l'action première de la divinité. Ainsi, dans le fond, s'ils veulent être de bonne foi, ils sont réellement partisans du droit divin. J'aurai occasion, dans un autre endroit de cet écrit, de mieux faire observer cet incident. Quoi qu'il en soit, ils ont cru que la souveraineté du peuple était un argument plus péremptoire que la légitimité, qu'ils envisagent comme une habitude sociale, et non comme un droit (1).

Du reste, cet expédient ne prouve absolument rien, et recule la difficulté au lieu de la résoudre. Admettons pour un instant que la légitimité n'est qu'une habitude ou une disposition sociale acquise par des actes répétés. Ce sera alors la conséquence de l'acte premier de la société! Si nous nous arrêtons là, nous n'avons rien obtenu, ou plutôt nous n'avons atteint qu'une conséquence. Mais allons en avant, et nous trouverons le fondement de cet acte social dans l'ordre établi par le Créateur de toutes choses. Voilà le principe unique de l'unité sociale, voilà le seul droit qui peut donner aux conséquences qui en découlent le titre de droit social.

Tout le monde sait que les lois physiques fournissent elles-mêmes tout ce qui est nécessaire à leur action, et personne ne songe à ne les envisager que comme de simples habitudes. De même, de ce que la légitimité est une application plus constante et plus régulière de l'autorité sociale, on ne doit pas conclure qu'elle n'est qu'une simple habitude : c'est plutôt l'exercice médiat du droit divin, qui s'est exercé dans la société depuis son origine jusqu'à nos jours. Avec ce type consolateur, est-il possible de rencontrer logiquement la lutte des peuples contre les rois, et des rois contre les peu-

(1) Voir les réflexions de M. de Lamartine au sujet de la question d'Orient, dans le *Courrier de l'Ain*, 1840.

ples ? Si elle existait, elle serait essentiellement en dehors de l'unité : elle pourrait usurper cette unité ; mais elle ne trouverait jamais en elle sa sanction.

En résumé, l'unité sociale est le second ordre de la providence des peuples, qui a sa racine dans la Providence divine, qui jamais ne fait faillite. Or, ôtez cette boussole, où marchez-vous ? vers l'anarchie ! vers la dissolution ! Quand il est question de la société, il ne faut jamais perdre de vue cette unique pensée : l'unité sociale doit être aujourd'hui ce qu'elle fut dès l'origine de la société ; car le laps du temps et l'expérience des siècles, loin d'avoir introduit quelque altération dans l'essence de son principe, n'ont fait que le fortifier et montrer plus au jour son inaltérable vérité.

Quand la société se résumait dans la famille, elle avait pour unité et pour nerf l'autorité paternelle. La grande famille, pour s'être développée, aurait-elle perdu cette unité précieuse ? Je ne crois pas qu'il existe dans le monde aucun philosophe sensé qui puisse sérieusement se livrer à cette pensée. Cependant on a pu croire avec quelque fondement que l'établissement des sociétés civiles avait absorbé les liens de la famille, pour introduire un autre lien provenant de la volonté générale. Ainsi ce changement d'application a été pris pour le vrai principe d'unité, tandis que dans le fond il n'est qu'une conséquence du droit divin. Cette méprise, soutenue avec plus ou moins de bonne foi, a produit ces systèmes sociaux, auxquels l'antiquité se livra moins que nos temps modernes : systèmes qui, mis à la rigueur en pratique, renverseraient l'édifice social.

Or, le développement en agrandissant le théâtre, a-t-il pu, a-t-il même dû détruire, renverser, anéantir le point du départ? Cet orient social, placé dans la famille, venant directement de Dieu, n'est-il pas le véritable point de mire, et ne ramène-t-il pas à un centre commun la vaste famille de l'espèce humaine? Mais on ferme les yeux à cette lumière, et on veut obstinément chercher l'unité sociale dans l'homme même. L'homme physique, dit-on, quoique composé de diverses parties, n'est-il pas fondé sur l'unité? toutes ces parties ne marchent-elles pas vers un principe unique, la vie animale? J'en conviens; mais l'homme moral envisagé sous le rapport de la physiologie de ses passions, et qui de droit forme l'homme social, présente-t-il un centre commun d'unité aussi constant que le premier? Ainsi ne le pensent pas tous les écrivains célèbres, qui l'ont envisagé comme une intelligence déchue? « Dieu était le lien de la société humaine, dit Bos- « suet. Le premier homme s'étant séparé de Dieu, « par une juste punition, la division se mit dans « sa famille, et Caïn tua son frère Abel, tout le « genre humain fut divisé. C'est ainsi que la so- « ciété humaine établie par tant de sacrés liens est « violée par les passions (1). » Saint Augustin fait

(1) Politique de Bossuet, livre 1er, article 12, proposition 1re, pages 13 et 15.

à ce sujet la réflexion suivante, qui est digne de remarque : « Il n'y a rien de plus sociable que « l'homme par sa nature, ni rien de plus intraitable « ou de plus insociable par la corruption (1). » Dès lors un tuteur est devenu indispensable à l'homme pour le maintenir dans l'unité sociale ; et quoiqu'on en dise, ce tuteur c'est la révélation divine qui est l'école la plus sûre du droit divin.

Nos moralistes modernes vont plus loin. On trouve, disent-ils, dans l'homme né pour la société un penchant invincible, universel, constant, perpétuel, qui est l'amour de la liberté. Cette propension ne fut jamais oisive : l'histoire de tous les siècles prouve qu'elle a toujours agi d'une manière uniforme. Donc, si nous rapportons à ce point unique toutes les institutions sociales, nous aurons obtenu la solution du problème de l'unité dans l'homme lui-même.

Ce raisonnement pèche contre les règles de la logique, en ce qu'il prend pour le principe de l'unité ce qui n'en est qu'une conséquence première ou immédiate. Qui a mis dans l'homme ce penchant pour la liberté ? La Divinité qui doit régler et diriger l'homme dans l'usage de cette faculté ? — La Divinité, voilà le vrai, l'unique principe. Il est donc pris hors de l'homme. C'est la main divine qui a imprimé ce penchant, c'est la main divine qui

(1) St. Augustin, livre de la Cité de Dieu, livre XII, chapitre XXVII, tome VII, colonne 325.

seule a droit d'en réprimer les abus, et de ramener l'homme social dans les sentiers du vrai.

D'ailleurs la liberté de l'homme, considérée comme principe d'unité sociale, offrirait peu de garantie. Qui ne sait que l'esprit humain livré à lui-même peut prendre un essor trop rapide, qui le jette hors des limites tracées par l'auteur de la société? L'esprit social, dans ses développements, peut-il se flatter de marcher toujours sous l'égide protectrice de l'infaillibilité? Arrivent ensuite la cabale, l'esprit de parti, l'orgueil des opinions, qui revendiquent les progrès sociaux au nom et comme fruits de la souveraineté du peuple. Ce faux principe une fois admis, il faudra bien en déduire des conséquences. Seront-elles des vérités? la saine logique ne le dit pas. Si dans cet état de chose, vous faites avancer la société, ses progrès feront de nouveaux écarts, et elle s'éloignera indéfiniment du centre d'unité qu'elle réclame. Donc la rétrogradation lui devient nécessaire.

Rétrograder? Quelle expression? Est-il donc une époque où la société doit être condamnée à un acte si humiliant? Oui, quelque humiliant que soit cet acte, j'y condamne la société, toutes les fois qu'elle s'écartera du droit divin, son unique centre d'unité. Ses intérêts sainement entendus le demandent, ou bien il faut signer son arrêt de mort.

Je termine ce chapitre par la réflexion suivante : Les révolutions qui quelquefois surgissent dans la société, font-elles changer l'unité sociale? Pour résoudre cette question, je vais de nouveau interroger le monde physique. Tout le monde sait que les lois naturelles ne sont pas tellement uniformes qu'elles ne renferment quelques phénomènes qui paraissent en dehors de leur cours régulier. Ce spectacle n'autorise pas le naturaliste sensé à penser que la nature change de principe; de même, en matière sociale, les phénomènes révolutionnaires qui amènent sur la scène politique de nouvelles dynasties ou de nouvelles formes de gouvernement, ne doivent pas être un motif de renoncer aux principes antiques et uniformes, sanctionnés par le droit divin. Ces bizarres exceptions dirigées par des têtes habiles séduisent un instant la multitude avide de nouveauté; mais après tout, elles sont comme les phénomènes physiques, et elles ne doivent pas former le cours régulier de l'ordre social.

Ces cris à l'*unité*, proférés par les partisans de révolutions, me présentent le tableau de ces personnes atteintes d'illusion d'optique, qui s'imaginent que le soleil a cessé de parcourir le cercle qui lui a été tracé par le Créateur. L'unité sociale existe depuis la création de l'homme, et nous en trouvons un type sûr dans ce divin catholicisme que la divine Providence conserve par le privilége de l'infaillibilité.

CHAPITRE VII.

De l'obéissance que l'homme doit à la société.

L'obéissance, dont je vais parler dans ce chapitre, a Dieu seul pour objet, et le bon ordre de la société pour fin principale. Ainsi, c'est un acte de soumission à Dieu, qui ordonne au citoyen d'avoir de la condescendance pour ses semblables, et de mettre en pratique les penchants qu'il lui a donnés pour la société. Vue sous le point de vue de son objet, elle porte donc réellement le nom d'obéissance proprement dite, puisque c'est l'acte de l'inférieur qui se soumet à son supérieur; mais envisagée quant à sa fin, elle n'est qu'une simple condescendance, provenant non précisément de la sympathie que les hommes ont les uns pour les autres, mais d'un ordre formel : « Dieu a chargé « chaque homme d'avoir soin de son prochain (1). »

Cette condescendance mutuelle, que je nomme obéissance sociale, ne doit point s'allier avec la bassesse et la servilité. Aussi noble que le principe qui la produit, et que l'objet sur lequel elle tombe, elle est un fruit d'amour, une propension vers les sacrifices louables et généreux, une confiance éclairée

(1) Ecclésiastique, chapitre XVII, ℣ 12.

et pleine d'une sage réserve, sourde à la voix du crime, au tumulte des passions viles et haineuses, aux insinuations perfides de l'égoïsme et de l'ambition, elle écoute avec une douce complaisance le cri de la vertu : à ce mot, elle se lève noble et fière, parce que c'est la voix de sa véritable mère qui commande. Il est en elle un fond de spiritualité, qui renferme quelque chose de religieux et de divin, qui va jusqu'au foyer sacré de la conscience, qui fait que la soumission du citoyen aux lois sociales ne se confond pas avec ce mécanisme grossier, qui n'a en vue que les intérêts matériels, et ne produit pas les grandes vertus.

Dans tous les temps, les peuples ont obéi à la voix de la société, et ils ont eu le bon esprit de se rendre compte de leur soumission : ils reconnurent qu'il y avait dans la société un principe qui liait la conscience : le paganisme divinisa la patrie, et reconnut que l'action divine, qui brille dans le corps social, exigeait une soumission intérieure, religieuse et constante.

Il faut observer que l'obéissance que le citoyen rend à la société est la conséquence première des principes qui la constituent : elle devrait même exister sans droit écrit : car elle est essentiellement fondée sur le droit naturel, c'est-à-dire sur la droite raison et l'équité naturelle ; l'obéissance est la gardienne de l'ordre, et l'expression exacte et logique de l'accomplissement des devoirs sociaux.

Ce serait ici le lieu d'examiner si le droit social

est le seul ouvrage de l'homme ; si la divine Providence lui est complètement étrangère ; si les hommes, en faisant des lois, peuvent exercer un empire sur cette partie de nous-mêmes que je nomme la conscience. La solution de ces questions me mènerait loin, et me ferait passer les bornes d'un chapitre. Du reste, j'en parlerai ailleurs, et il ne faut pas être bien clairvoyant pour s'apercevoir que l'action divine préside à tous les droits sociaux, et en a soumis l'exécution à la vertueuse obéissance.

Je dirai seulement avec Bossuet : « La loi est ré-
« putée avoir une origine divine. Tous ceux qui
« ont bien parlé de la loi, l'ont regardée dans son
« origine comme un pacte et un traité solennel par
« lequel les hommes conviennent ensemble, par
« l'autorité des princes, de ce qui est nécessaire
« pour former leur société. Dans son fond ce traité
« doit être fait en présence d'une autorité supé-
« rieure, telle que celle de Dieu, protecteur na-
« turel de la société humaine, et inévitable
« vengeur de toute contravention à la loi. C'est
« pourquoi tous les peuples ont voulu donner à
« leurs lois une origine divine, et ceux qui ne
« l'ont pas eue, ont feint de l'avoir. Minos se
« vantait d'avoir appris de Jupiter les lois qu'il
« donna à ceux de Crète. Ainsi Lycurgue, ainsi
« Numa, ainsi tous les autres législateurs ont
« voulu que la convention par laquelle les peuples
« s'obligeaient entre eux à garder les lois, fût

« affermie par l'autorité divine, afin que personne « ne pût s'en dédire. Platon, dans sa République « et dans son Livre des lois, n'en propose aucunes « qu'il ne veuille faire confirmer par l'oracle « avant qu'elles soient reçues ; et c'est ainsi que « les lois deviennent sacrées et inviolables (1). »

C'est par ces paroles que je termine ce que j'avais à dire touchant l'obéissance sociale.

(1) Politique de Bossuet, livre 1er, article III, IIe proposition page 33.

FIN DU PREMIER LIVRE.

LIVRE SECOND.

DU RÔLE QUE LA RELIGION DOIT JOUER DANS LE CORPS SOCIAL.

CHAPITRE PREMIER.

Du sentiment religieux que doit avoir le citoyen.

Le but essentiel de la Religion est de s'emparer de l'homme moral, intellectuel, et de le diriger dans les sentiers du vrai et du juste, comme la nature le règle dans sa marche physique. Or, comme dans l'homme moral, intellectuel se trouve toujours l'homme social ou né pour la société, il s'en suit que la religion doit servir de boussole au citoyen, et produire en lui ce que je nomme le sentiment religieux. Qu'est-ce donc que le sentiment religieux? C'est le besoin de rendre à la Divinité un culte quelconque qu'éprouve toute créature raisonnable. Or cet acte premier de subordination envers le créateur de toutes choses doit naturellement se trouver dans l'homme envisagé comme citoyen.

Il suffit de consulter l'histoire : la religion et la société des hommes sont deux faits également certains, qui ont toujours marché de pair dans tous les siècles, comme deux lignes parallèles, il est vrai, qui ne se sont pas confondues quant à leur objet, mais toujours quant à leur sujet, c'est-à-dire que l'homme social a toujours été uni avec l'homme religieux. Qui a présidé à cette union? Le sentiment religieux? oui, le sentiment religieux, parce qu'il est impossible de remplir les devoirs sociaux, sans avoir de la religion : « Si un homme « insulte aux autels, à la sainteté conjugale, à la « décence, à la probité, et va criant : Patrie! « patrie! Ne le croyez point; c'est un hypocrite en « patriotisme, un très-mauvais citoyen (1). »

Le sentiment religieux est sans contredit la première tradition sociale qui s'est perpétuée par une chaîne non interrompue. Tout est unanime sur ce point : histoire sacrée, histoire profane, poésie, philosophie. « Je ne reconnais pour bons serviteurs « et pour fidèles sujets, disait Cyrus, que ceux « qui ont de la religion et qui respectent la Divi- « nité (2). » Je ne crains pas d'être contredit sur ce point, si ce n'est par l'athéisme-pratique, que l'on ne doit pas consulter, quand il est question de société, parce que toujours il la déshonorera.

Pour se rendre un compte exact du sentiment religieux qui dérive du droit divin, soutien unique du corps social, des philosophes habiles, entre autres Jean-Jacques Rousseau, ont conçu l'idée assez curieuse de religion civile. Voici comme s'exprime sur ce sujet le philosophe genevois : « La re- « ligion considérée par rapport à la société, peut se « diviser en deux espèces, savoir la religion de

(1) Devoirs de l'homme, par Sylvio Pellico, chapitre IX, p. 32.
(2) Cyropédie, livre VIII, page 204.

« l'homme, et celle du citoyen. La première, sans « temples, sans autels, sans rites, bornée au culte « purement intérieur du Dieu suprême et aux « devoirs éternels de la morale, est la pure et « simple religion de l'évangile, le vrai théisme, et « ce qu'on peut appeler le droit divin naturel; l'autre, « inscrite dans un seul pays, lui donne ses dieux, « ses patrons propres et tutélaires; elle a ses « dogmes, ses rites, son culte extérieur prescrit par « des lois; hors la seule nation qui la suit, tout est « pour cela infidèle, étranger, barbare; elle n'é- « tend les devoirs et les droits de l'homme qu'aussi « loin que ses autels. Telles furent les religions « des premiers peuples, auxquelles on peut don- « ner le nom de droit divin civil ou politique (1). »

Je ne m'associe pas à cette distinction établie par le philosophe de Genève, quoique dans cet endroit, il soit loin de se montrer partisan de l'athéisme politique, parce que la religion de l'homme n'est pas différente de celle du citoyen; elle est la même sous les deux rapports du culte intérieur, extérieur; sa nationalité n'est qu'une formalité qui ne change rien dans son essence, et le sentiment religieux qu'elle produit dans l'homme est toujours celui du citoyen. Ce qui me suffit.

Du reste, comme ce chapitre n'est qu'une espèce d'avant-propos, je dois indiquer quelle sera la matière de ce second livre. Je commence par examiner s'il est possible de concevoir une véritable société sans une religion quelconque. Quoi qu'on en dise,

(1) Contrat Social, livre 4, chapitre 8, page 196.

l'histoire de tous les siècles, l'histoire de la société en un mot, donnera toujours un démenti formel à ces philosophes téméraires qui prétendent que la société est purement civile ; que la nature de sa constitution lui interdit d'être mixte, parce que ce mélange nuirait à son unité. Il est très-convenable que les états adoptent une religion, puisqu'ils sont une fraction de la société générale ; et la fraction, quoique moindre par le nombre, participe à la nature de l'entier.

Si, avant l'établissement du Christianisme, il est difficile de prouver qu'il y ait eu des empires qui de fait et de droit aient séparé la religion du civil, l'arrivée de cette importante religion aurait-elle changé l'état de la question? Est-il vrai de dire avec le politique de Genève : « La loi chrétienne est au « fond plus nuisible qu'utile à la forte constitution de « l'état ? (1) » Cette assertion n'a aucun point d'appui dans l'expérience. Il est facile de concevoir que la société serait beaucoup plus tranquille, mieux assise dans les limites du vrai et du juste, si le catholicisme dominait dans la société, et était adopté par les Etats.

Nos politiques modernes prétendent qu'il suffit qu'une société nationale reconnaisse les diverses religions professées par les citoyens, sans en adopter aucune, comme lui étant propre. Cette asser-

(1) Contrat social de J.-J. Rousseau, livre IV, chapitre VIII, page 195.

tion se conçoit en présence de la souveraineté du peuple, mais elle n'est pas fort logique, comme je le ferai voir.

CHAPITRE II.

Il est impossible de concevoir une véritable société sans une religion quelconque.

S'il était historiquement vrai, comme le prétend Jean-Jacques Rousseau, que les hommes n'eurent point d'abord d'autres rois que « les Dieux, ni « d'autre gouvernement que le théocratique (1), » la proposition que j'énonce dans ce chapitre serait prouvée de suite, et il ne serait peut-être pas nécessaire de fouiller dans les principes constitutifs de la société, car la théocratie est inséparable de la religion.

Du reste, sans m'attacher à l'histoire des temps fabuleux, qui n'est autre chose que la tradition des Hébreux mal comprise et dénaturée par les poëtes, je prends la société humaine dès la création de l'homme; ce fait rendu indubitable par la révélation divine et le témoignage de tous les siècles, nous offrira plus de garantie que les riches et brillantes descriptions de l'âge d'or que la fable nous présente.

(1) Contrat social, livre IV, chapitre VIII, page 188.

A peine Dieu a-t-il créé le premier homme, qu'il lui adjoignit une compagne formée de sa propre substance, afin qu'il ne soit pas seul, et que l'amour de la société ait son fondement dans l'amour de lui-même. Egoïsme mystérieux et sublime! Le premier homme pouvait-il haïr sa femme, sa compagne, sans haïr sa propre substance? Voilà le type divin, le modèle incomparable de la société des humains.

Mais allons plus loin, et voyons si dans ce fait nous découvrirons quelques vestiges de religion. Oui, assurément, oui Dieu ne se contente pas de faire au premier homme une donation si précieuse; il lui montre aussi sa dépendance, et il le lie à lui par un commandement et une défense. Voilà le premier type et le premier modèle de la religion. Ainsi la création de la société humaine et la religion sont corrélatives et marchent de pair.

Ainsi fondée sur l'amour mutuel et la fidélité due à Dieu, la société des hommes se développa d'abord par la famille, dont le chef représente la divinité créatrice. Elle eut pour devise ces quatre devoirs: Amour, honneur, obéissance, fidélité. Or, ces principes constitutifs de la famille ne sont ils pas également les conditions essentielles du culte religieux?

Aussi, quand les livres saints nous mettent sous les yeux l'intéressant tableau des premières familles du monde, ils nous représentent leurs chefs comme rois et sacrificateurs tout à la fois, comme recevant directement de la divinité des communications religieuses. Preuve évidente que le culte religieux est inséparable de la société domestique. « Toute la religion des patriarches avait pour ob« jet d'inculquer à leurs enfants cette grande vé« rité, que Dieu est le père des familles, le ven« geur des droits du sang; qu'il a fait prospérer les « peuplades qui lui ont été fidèles, qu'il a puni cel« les qui, en violant ses lois, ont résisté à la voie « de la raison et de la nature (1). »

Lorsque les familles multipliées considérablement furent obligées de se réunir en corps de nation, Dieu fonda également la société nationale et civile, et voulut que la religion lui fût inhérente. « Il a exercé d'une manière éclatante « l'auguste fonction de législateur. Il n'était « pas possible de réunir toutes les familles dans « une seule société; la distance des lieux, la dif« férence du langage, les variétés de leurs maniè« res de vivre s'y opposaient. Mais en choisissant « un seul peuple, Dieu a montré à tous les autres « ce qu'ils auraient dû faire; c'est une des raisons « pour lesquelles il a établi la législation des Hé« breux par des prodiges dont le bruit a dû reten« tir chez toutes les nations voisines. Les leçons « et les lois qu'il a données par Moïse aux descen« dants d'Abraham, tendaient à leur apprendre que « Dieu est le fondateur, le protecteur, le chef et le « roi de la société civile; tous les devoirs de jus-

(1) Dictionnaire théologique de Bergier, article société.

« tice, d'humanité et de police leur étaient pres-
« crits comme des devoirs de religion, parce qu'il
« n'y avait point de motif plus capable de les y
« rendre fidèles (1). »

Cette tradition des Hébreux a passé chez toutes les nations de l'antiquité; aucune d'elle ne songea à concevoir la société civile sans religion. « Jamais état « ne fut fondé que la religion ne lui servît de base (2). » Le philosophe politique de Genève que je cite, ne donne pas à son assertion toute l'extension que la gravité du sujet paraîtrait demander. C'est égal, ce témoignage est toujours d'un grand poids, en ce qu'il avance cette proposition d'après les faits historiques, et cela contre Bayle et autres athées ou déistes politiques, qui prétendent que nulle religion n'est utile au corps politique.

La fable, s'il était permis de la citer dans un ouvrage philosophique, nous offrirait sur ce point des fictions touchantes et instructives. Mais il faut aller au fond des choses, montrer par l'essence même de la société, que les anciens ont moins répondu aux illusions superstitieuses qu'à la vérité que Dieu a gravée dans le cœur de tous les hommes.

J'ai déjà donné, au commencement de cet écrit, la définition de la société générale des hommes. Or, cette union mise en pratique par des êtres raisonnables, intelligents, est nécessairement morale, et par conséquent religieuse. Il est impossible de la

(1) Dictionnaire théologique de Bergier, article société.

(2) Contrat social, livre IV, chapitre VIII, page 195.

concevoir sans le désir de la vérité, l'amour mutuel, le sentiment de l'honneur et l'estime de l'ordre. Cela posé, j'interroge l'homme sensé, et je lui demande : la religion, beaucoup mieux que la raison, nous fait sentir le prix de la vérité et le vice du mensonge; elle nous rend plus chers les hommes avec lesquels nous sommes obligés de vivre; elle met entre eux et nous de nouveaux liens, des liens sacrés et inviolables. N'est-ce pas elle qui nous fait voir en quoi consiste le véritable honneur, et qui nous fait respecter l'ordre comme l'ouvrage de Dieu même ? Donc, la religion, loin de nuire à l'esprit social, lui est inhérente et en forme le plus solide fondement.

Hé! qu'on ne se fasse pas illusion ; la société générale du genre humain doit former un tout régulier, complet; et il ne peut l'être sans religion. Je dis plus, l'homme social est créé à l'image, à la ressemblance de Dieu : il est impossible de méconnaître dans lui cette haute et sublime qualité. Or, en bannissant la religion du corps social, n'est-ce pas dépouiller l'homme de cet insigne privilége? N'est-ce pas éloigner la divinité d'une agglomération où son image est gravée en caractères ineffaçables? Est-il possible de concevoir une réunion d'êtres portant l'image de Dieu, et affranchie de tous liens qui l'attachent à la divinité ? N'est-ce pas, en un mot, concevoir l'impossible ?

Ce serait peut-être assez discuté sur cette question qui est claire par elle-même ; car il ne doit pas entrer dans la pensée d'un homme sensé d'éloigner Dieu de l'ouvrage de ses mains. Cependant il me reste quelque chose à dire de la société nationale ou civile, que je définis avec le savant Bossuet, « une société d'hommes unis ensemble sous le même gouvernement et sous les mêmes lois (1). » C'est, comme on le voit, une partie de la société prise généralement. Or, si la partie participe à la nature et à l'essence du tout, il est évident qu'elle ne peut pas plus être conçue sans religion que le tout d'où elle dérive. C'est une réunion d'êtres raisonnables, intelligents que le territoire circonscrit, il est vrai, quant au nombre et à la limite, mais qui exige des devoirs et des besoins réciproques tout aussi bien que la réunion générale. Ainsi, il est impossible de se former une idée juste de la société nationale sans lui adjoindre la religion.

Mais, dira le partisan de l'athéisme politique, la fraction et l'entier présentent toujours une différence de rapport : donc on peut refuser à la partie ce que l'on accorde volontiers à la collection. Cette difficulté n'est qu'un sophisme. La société nationale, quoique partie de la société, généralement prise, est elle même un tout bien régulier dans son espèce. Elle a un gouvernement et des lois uniformes qui demandent l'appui de la divinité, tout aussi bien que les lois générales de la société.

(1) Politique de Bossuet, livre 1er, article VI, conclusion, page 53.

CHAPITRE III.

L'opinion de ceux qui prétendent que la société civile ou nationale ne doit pas être mixte, par respect pour son unité, est plus impie que philosophique.

L'intitulé de ce chapitre semblerait indiquer que je me montre partisan des religions nationales. Tel n'est pas mon but, et je suis loin de dire avec le citoyen de Genève : « Il y a une profession de foi « purement civile dont il appartient au souverain « de fixer les articles, non pas précisément comme « dogmes de religion, mais comme sentiments de « sociabilité sans lesquels il est impossible d'être « bon citoyen ni sujet fidèle (1). » Les prérogatives de la société sont bien imposantes, mais elles ne s'étendent pas jusque-là. Une société nationale peut, il est vrai, résulter de l'accord des citoyens qui consentent à vivre sous le même gouvernement et sous les mêmes lois ; mais la religion est l'ouvrage immédiat de la divinité : elle est faite pour s'allier avec la société, parce qu'elle enseigne les vrais sentiments de sociabilité, non point au nom du souverain social, mais au nom de Dieu.

Je ne veux pas non plus en venir au système du philosophe Hobbes, qui a osé proposer de réu-

(1) Contrat social, livre IV, chapitre VIII, page 202.

nir les deux têtes de l'aigle, et de tout ramener à l'unité politique. Tout ramener à l'unité politique ! ne serait-ce pas demander l'impossible ? Les vrais principes sociaux sont-ils toujours d'accord avec la politique ? voudrait-on, sous le prétexte qu'il n'y a qu'une société, demander la fusion du civil et du religieux, pour placer ensuite sous la direction politique le tout résultant de cette fusion ? Cette opinion serait cent fois plus impie que celle que je combats dans ce chapitre.

Je veux tout simplement que la société nationale soit mixte, parce que c'est le côté le plus philosophique de l'unité, qui alors devient religieuse. Dans cette hypothèse ou plutôt dans cet état de choses, il n'y a pas fusion, mais alliance : il y a différence d'objet, mais ensemble dans la marche vers un centre commun.

Eh ! les lois religieuses, comme les lois civiles, atteignent les mêmes individus. Le même Dieu qui fait un devoir au citoyen de le servir, de lui obéir et de l'honorer, lui ordonne de rendre à la société les devoirs qui lui sont dus. L'alliance de la religion avec la société est donc naturelle; donc les gouvernements mixtes ne sont pas aussi blâmables qu'on a voulu le faire entendre. Donc la séparation du civil et du religieux, qui est du goût de nos législateurs modernes, n'est pas un chef-d'œuvre de législation. S'ils veulent honorer la religion d'une manière digne d'elle, ils doivent l'associer à l'administration de la société.

Mais on va me dire avec le philosophe politique de Genève : l'introduction de deux chefs dans la société civile nuit à son unité ; cette illusion, car c'en est une, a contribué plus qu'on ne le pense aujourd'hui à la séparation déraisonnable du civil et du religieux. Or, sous le vain prétexte de favoriser l'unité sociale, qu'a-t-on fait? On n'a fait que l'éloigner de la société, parce qu'on l'a séparée de sa véritable source, qui est le droit divin. Mais en rendant mixte la société nationale, l'unité rentre dans son véritable domaine, parce qu'elle résulte de l'alliance de deux chefs, qui, subalternes de leur nature, obéissent à un seul chef qui est Dieu.

Allons plus loin : Qu'y a-t-il avec la séparation du civil et du religieux ? Isolement ; la chose est palpable. Une impiété ! oui, une impiété. Cette séparation si peu philosophique ne peut énoncer qu'une impiété. N'est-ce pas dire à l'Etre-Suprême, chef naturel de toute société : nous sommes assez sages pour nous régir par nous-mêmes. Que les citoyens vous rendent un culte, rien de mieux. Mais la collection de ces mêmes citoyens doit être indépendante et dégagée de toute entrave religieuse. Un pareil langage étonne sans doute. A-t-il été tenu ? Oui, par nos hommes à hautes théories, qui, en séparant le civil du religieux, ont voulu placer la société sur un nouveau théâtre, et la faire fonctionner dégagée de la protection religieuse.

Mais de grâce, la collection des citoyens ne

forme-t-elle pas un être moral qui, pour être collectif, doit son culte à la divinité, tout aussi bien que l'être que l'on appelle individu ? Vouloir que les individus soient attachés à la religion et que la collection de ces mêmes individus soit athée, sous prétexte qu'elle porte le nom de gouvernement, n'est-ce pas admettre une contradiction palpable ? Ainsi, quand même je retrancherais de l'opinion que je combats l'épithète d'impie, il resterait toujours clairement démontré qu'elle n'est pas philosophique. En effet, quel est son fondement ? L'athéisme politique, que la saine philosophie répudie comme le pur athéisme ; l'indifférence religieuse outrageant les citoyens qui, réunis en corps de nation, sont tous solidaires, et réclament de la part de l'être moral qui les constitue le bon exemple et l'appui de l'encouragement.

On veut que la société soit une carrière ouverte à toutes les améliorations scientifiques et matérielles, à la littérature, aux arts, aux sciences, à la poésie, aux idées philosophiques, aux vertus guerrières. A la bonne heure, je ne suis point ennemi de ce progrès, je le veux aussi. On va plus loin : on veut que tout cela entre dans le corps constitutif de la société nationale. Je le veux également. Mais pourquoi refuse-t-on l'alliance de la religion, sous le vain prétexte qu'elle nuirait à l'unité sociale ? Est-ce que son action est un déshonneur pour la société ? est-elle l'ennemie des améliorations qui font l'ornement du corps social ? Si j'interrogeais les souvenirs historiques, j'y trouverais des preuves éclatantes de sa haute influence et des services sans nombre qu'elle a rendus et qu'elle rend encore aux sociétés nationales qui ont en horreur l'athéisme politique, et qui l ont associée à la direction qu'elles impriment aux citoyens.

Du reste, en discutant philosophiquement cette question, je veux m'abstenir de froisser les susceptibilités modernes, qui peut-être ne se sont pas formé sur la société nationale des idées suffisamment consciencieuses.

Quoiqu'il en soit, puisque l'on veut qu'une société nationale sans arts, ni sciences, ni littérature, ni philosophie, soit comme une épouse qui, le jour de ses noces, répudierait ses plus riches ornements, il faut bien admettre aussi qu'une société qui ne reconnaîtrait point de religion ou qui refuserait de s'associer à son action puissante, serait l'image d'une épouse qui aurait oublié son principal ornement, la pudeur.

En terminant ce chapitre, j'adopte volontiers la réflexion suivante d'un journaliste distingué : « Il « ne faut pas se le dissimuler, de sinistres symp« tômes de dissolution sociale se manifestent chez « nous. Les croyances religieuses sont abolies (1). » Cette dissolution sociale ne serait-elle point le fruit de la législation quasi athée d'une société nationale qui, dans ses institutions politiques modernes, a cru ne devoir adopter aucune religion? Je m'abs-

(1) *Courrier de l'Ain*, 24 octobre 1840.

tiens de tirer la conséquence, puisque nos législateurs semblent reconnaître cette vérité : « Hono- « rons la religion et la morale ! »

CHAPITRE IV.

La loi chrétienne est la religion la plus convenable aux sociétés nationales.

Quand Jésus vint sur la terre, l'unité sociale se résumait dans la religion de l'empire romain qui, maître de tout l'univers, avait étendu partout ses dieux, son culte, et avait même adopté ceux des peuples vaincus, en accordant à ces derniers le droit de cité. Le paganisme était alors la seule religion nationale, que la conquête et l'esprit conciliateur des Romains avait unie avec le civil. Ainsi l'unité civile et religieuse s'étant donné la main, se trouvait, comme l'empire, à son plus haut apogée. Il semble qu'un instinct secret de ce peuple préludait à quelque chose de grand qu'il ne connaissait pas.

Le régénérateur du genre humain parut alors sur la terre ; mais il ne vint pas pour troubler la société par l'idée d'un royaume de l'autre monde, comme le prétend témérairement le philosophe politique de Genève : « Ce fut dans ces circonstances « que Jésus vint sur la terre établir un royaume

« spirituel ; ce qui, séparant le système théolo-
« gique du système politique, fit que l'état cessa
« d'être un, et causa les divisions intestines qui
« n'ont jamais cessé d'agiter les peuples chré-
« tiens (1). »

Aurait-il choisi ce moment où la paix régnait dans tout l'univers pour la troubler, et interrompre l'harmonieuse union du civil et du religieux? Ne se serait-il fait coucher sur les registres de l'empire romain qui alors avait sous sa suzeraineté même la ville sainte, que pour déposer dans son sein des germes de division, et venir troubler les sociétés modernes qui devaient lui succéder? Tel ne fut pas le but de sa mission qui, quoique spirituelle, ne devait pas être étrangère au bien de la société civile.

Il est vrai, à cette époque, on plaçait l'unité sociale dans le droit divin formant alliance avec le droit politique. La vérité se trouvait bien dans le principe, mais l'application était une erreur. Pour rectifier cette erreur, le Sauveur du monde établit sa loi sur l'unité de Dieu, et offrit dans la sublimité de sa morale un riche développement aux vertus sociales. Il sanctionna le principe, et fit disparaître les nuages du paganisme qui en faussaient l'application. Si une telle doctrine trouble le monde, et fait cesser l'unité des états, je l'avoue, il faut renoncer à la saine logique.

(1) Contrat social, livre IV, chapitre VIII, page 192.

Depuis cette aurore qui fit briller sur le corps social les lumières de la vérité pure, on vit, au milieu de l'affaiblissement successif de l'empire romain, et après la destruction du paganisme, tous les peuples qui passaient pour barbares embrasser cette religion sublime, se former en corps de nation, organiser des sociétés régulières, solides, imposantes même sous la douce influence de la loi chrétienne. Ce fait historique est la condamnation de l'assertion suivante de Rousseau : « Cette reli-
« gion (la loi chrétienne) n'ayant nulle relation
« particulière avec le corps politique, laisse aux
« lois la seule force qu'elles tirent d'elles-mêmes
« sans leur en ajouter aucune autre ; et par-là,
« un des grands biens de la société particulière
« reste sans effet. Bien plus, loin d'attacher le
« cœur des citoyens à l'état, elle les en détache
« comme de toutes les choses de la terre ; je ne
« connais rien de plus contraire à l'esprit so-
« cial (1). »

Le philosophe genevois ne s'est pas donné la peine d'approfondir la question ; il a suivi sa prévention, et il n'a pas pris garde qu'au moins la loi chrétienne présente aux lois sociales la garantie de la conscience. Cette influence, pour être indirecte, est-elle à mépriser ? Il n'a pas réfléchi que la loi chrétienne influe sur les mœurs publiques par la sainteté de vie qu'elle exige. Est-ce détacher les citoyens de l'état ? Car je m'imagine bien qu'un état

(1) Contrat social, livre IV, chapitre VIII, page 197.

doit avoir des mœurs, et que, par conséquent, la loi religieuse qui les dirige avec tant d'efficacité, ne saurait lui être étrangère.

Il est vrai, les relations de la loi chrétienne avec le corps politique ne sont ni ne doivent être directes : l'un et l'autre a sa ligne de démarcation; mais cela ne prouve pas que cette religion soit contraire à l'esprit social. Le désintéressement que prêche la loi du Christ ne va pas jusqu'au mépris; quoiqu'elle détache l'homme de la terre, elle ne le rend pas indifférent au corps social, dont il est membre comme citoyen. Mais c'est assez discuté avec le philosophe politique. Ses vues différentes ne sauraient détruire la vérité de la proposition énoncée dans ce chapitre, que je termine par la citation suivante : « Lorsque des temps plus heureux sont « arrivés, et que les peuples ont été capables de « fraterniser, Dieu a envoyé son fils unique pour « fonder entre eux une société religieuse univer« selle. En Jésus-Christ, il n'y a plus ni Juif, ni « Gentil, ni Grec, ni Barbare, nous sommes tous « par lui un seul corps et une même famille. Cette « société ne déroge ni au droit naturel et civil, ni « au droit des gens, elle les confirme au contraire « et les fait mieux connaître; jamais ils n'ont été « mieux aperçus qu'à la lumière de l'évangile (1). »

(1) Dictionnaire théologique de Bergier; article société, page 429, colonne 2e.

CHAPITRE V.

La loi chrétienne est la seule capable de corriger efficacement les abus qui existent ordinairement dans les sociétés civiles ou nationales.

Les sociétés nationales, quelque sagement qu'elles soient constituées, offrent toujours plus d'abus que la famille dont les liens sont plus conformes à la nature. Dans la famille, l'autorité cimentée par la voie du sang se montre plus respectable, les droits respectifs de ses membres ne sont le fruit, ni de la cabale, ni d'un privilége déraisonnable et poussé trop loin; la nature elle-même prescrit ses droits qui ont leur sauve-garde dans la puissance génératrice du père.

Il est bien difficile de rencontrer cette garantie dans les sociétés civiles; les citoyens possèdent, il est vrai, des droits respectifs, mais ils sont exposés à des abus qui paraissent en quelque sorte inhérents à cet état de choses. Les excès de l'autorité, l'abus des richesses, la multiplicité des lois, la mauvaise éducation des enfants, le goût effréné des plaisirs sont les chancres qui rongent le corps social. Une société sage, qui veut subsister longtemps, éprouve le besoin d'apporter un remède à ces maux. Cette mission est de droit confiée à la religion. Or, sous ce point de vue, comme sous tous les autres, la loi chrétienne possède une supériorité que la plus rigoureuse logique, même en matière sociale, ne peut lui contester.

Premièrement, tout en condamnant les excès de l'autorité, elle lui offre une garantie imposante. Qu'on me cite une loi qui soit en possession de principes aussi sages, aussi éminemment sociaux, aussi puissamment efficaces sur cette matière délicate? Est-ce au nom de l'homme, est-ce au nom d'une souveraineté populaire toujours turbulente, qu'elle présente ces principes? Non, mille fois non. En faisant découler de Dieu toute puissance, elle investit, au nom de ce chef suprême, les chefs sociaux qui sont et doivent être ses vassaux. Cette mission accomplie, elle se retire dans les limites religieuses, et elle donne la première l'exemple de soumission. Sans condamner les diverses formes gouvernementales des nations, elle les rappelle toujours à leurs principes constitutifs, et elle ramène les citoyens aux règles sociales et au devoir. Elle ne réprouve point les distinctions qu'exige l'exercice de l'autorité; mais elle ne veut pas qu'elles ne soient que les ombres de la vraie grandeur. Ainsi, elle dit aux grands qu'ils n'auront que des honneurs extérieurs quand ils n'auront pas le vrai mérite. Elle enseigne aux petits de se contenter de mériter l'estime intérieure de leurs concitoyens par leur vertu simple et modeste.

Cependant la loi chrétienne n'aime pas cette liberté fausse, qui est aussi ennemie du bien-être social que de l'autorité. Elle ne se plaît pas non plus dans la servitude honteuse qui dégrade le citoyen : elle aime la liberté des enfants de Dieu qui respecte l'autorité sans en approuver les excès. Cela posé, que veulent donc dire les paroles suivantes de Jean-Jacques Rousseau : « Je me trompe « en disant une république chrétienne, chacun de « ces deux mots exclut l'autre. Le christianisme « ne prêche que servitude et dépendance. Son es- « prit est trop favorable à la tyrannie, pour qu'elle « n'en profite pas toujours. Les vrais chrétiens « sont faits pour être esclaves ; ils le savent et ne « s'en émeuvent guère ; cette courte vie a trop peu « de prix à leurs yeux (1). » Cette verve satirique mérite d'être châtiée, et le fameux de Montesquieu l'a fait avec noblesse. Il est vrai, il ne répond pas directement au philosophe politique, n'importe, je cite toujours ses paroles que le lecteur appréciera : « M. Bayle, dit-il, après avoir insulté toutes les « religions, flétrit la religion chrétienne ; il ose « avancer que de véritables chrétiens ne forme- « raient pas un état qui pût subsister. Pourquoi « non ? Ce seraient des citoyens infiniment éclairés « sur leurs devoirs, et qui auraient un très-grand « zèle pour les remplir ; ils sentiraient très-bien « les droits de la défense naturelle ; plus ils croi- « raient devoir à la religion, plus ils penseraient « devoir à la patrie (2). »

(1) Contrat social, livre IV, chapitre VIII, page 200.

(2) Montesquieu, Esprit des lois, livre XXIV, chapitre VI.

En second lieu, la loi chrétienne est d'une haute utilité aux sociétés civiles pour régler, diriger avec sagesse, efficacité l'usage des richesses. Les têtes creuses et même à haute portée de notre siècle rêvent un radicalisme brusque, intempestible, injuste; peut-il entrer en lutte avec la radicalisme moral, religieux, charitable que présente la religion du Christ? Il ne consiste pas dans une égalité impossible dans la pratique, déraisonnable dans la théorie, involontaire dans celui qui en serait la victime, parce qu'elle ne pourrait être que le fruit de la force et de la violence. Son action est plus douce et plus intelligente : elle s'insinue dans le cœur du riche, et, par la voix de la persuasion, elle extrait de son abondance l'aliment et le soulagement du pauvre.

Il faut en convenir, l'inégalité des richesses blesse toujours le citoyen pauvre : membre naturel de la grande famille, il ne doit pas être étranger aux ressources nationales. Ce mal, inhérent à l'état social, ne peut être affaibli que par la religion. La loi chrétienne possède sur ce point des règles éminemment philanthropiques. Aussi, quand elle siége avec l'état, il semble que les inquiétudes du citoyen pauvre se calment plus vite, que la charité descend sur lui plus abondante, et que l'inégalité des richesses se noie dans cette pauvreté de cœur, qui est la qualité propre, la qualité consolante de la loi du Christ.

Ennemie de cette avarice sordide qui déshonore

l'état comme le citoyen, de cette prodigalité excessive qui absorbe les ressources du faible et alimente le luxe du fort, la loi chrétienne enseigne aux sociétés nationales de tenir toujours, dans l'emploi des richesses, ce juste milieu, compagnon fidèle de la prospérité du corps social. Qui plus qu'elle favorise ces établissements publics qui s'alimentent par le superflu du riche, et offrent des ressources assurées aux citoyens faibles? « Prodigieux instrument de civilisation populaire (disons sociale), qui seul obtient la confiance du pauvre « et les sacrifices du riche, et fait fructifier auprès « de l'un le sacrifice de l'autre (1)! »

On dira peut-être: la philanthropie peut remplacer la loi chrétienne, et dans le fond elle suffit aux sociétés nationales pour déterminer l'emploi des richesses et le soulagement du citoyen pauvre. Le croira qui voudra, pour moi je ne le crois pas. La philanthropie est faible quand la religion ne lui tend pas la main: elle peut soulager le citoyen faible au nom du plaisir; souvent, pendant qu'elle arrondit ses calculs pour savoir ce dont elle peut disposer, le pauvre souffre et s'impatiente, la classe prolétaire s'irrite. Que puis-je espérer d'un état athée, s'écriera-t-elle? Aujourd'hui il me soulage, peut-être demain il me dépouillera. Or, elle ne peut plus se livrer à un pareil raisonnement, quand elle voit la religion présider aux ressources nationales; la loi

(1) Réflexions du *Journal des Débats*, 1837.

du Christ est son avocat naturel ; sa cause sera toujours plaidée avec zèle et impartialité. Cette consolante perspective, en calmant ses inquiétudes, augmentera son affection pour l'état.

CHAPITRE VI.

Suite des abus sociaux corrigés par la loi chrétienne.

Il existe souvent dans les sociétés nationales un abus dans ce qui est fait pour leur repos. Je veux parler « de la multiplicité des lois, marque aussi « évidente de la corruption d'un état, que la di- « versité des remèdes en est une des maladies du « corps (1). » La loi chrétienne corrige également ce désordre. Pourquoi ? Parce qu'elle enseigne rigoureusement la nécessité de l'obéissance ; elle fait observer religieusement les lois essentielles à la société. Dès lors deviennent inutiles les lois coercitives qui surchargent la mémoire du citoyen, et le rendent plutôt esclave de la force que docile à la voix de la conscience.

Qu'on y prenne garde, l'athéisme politique est la dernière plaie d'une nation, parce qu'il apprend au citoyen que la collection ou l'état qui lui impose des lois a lui-même rompu les liens sociaux. Un état

(1) Voyage des Cyrus, par M. de Ramsay, page 182.

qui est parvenu à cette aberration chercherait en vain à se relever par la force, le despotisme, la multiplicité des lois ; son arrêt de mort est signé, s'il ne revient pas à la religion qui est sa sauvegarde et son principal soutien. S'il a le bonheur de commander à des citoyens éclairés des lumières de l'Evangile, il ne doit pas hésiter à confier à cette loi sainte la garde de ses lois fondamentales.

Du reste, je dois laisser parler sur ce sujet un écrivain moderne, qui joue un rôle dans le monde politique ; voici ses paroles : « Pendant que nos institutions et nos mœurs fomentent parmi nous « l'esprit d'indépendance individuelle, dans la pensée, comme dans la vie, c'est un grand bien « pour la société, pour sa moralité, comme pour « son repos, que d'autres causes, d'autres enseignements maintiennent l'esprit d'autorité et le « principe de soumission intérieure. Le catholicisme « est la plus grande, la plus sainte école du respect qui se soit jamais vue dans le monde. L'abus « de cette école est peu redoutable, et le bien doit « être grand, et nous en avons grand besoin (1). »

Je passe à une autre source des maux de la société, savoir la mauvaise éducation de la jeunesse. Quand une société civile en est venue au point de ne cultiver dans les jeunes gens que les qualités superficielles, le bel esprit, l'imagination brillante, la politesse efféminée, et de négliger le cœur, la

(1) Réflexions de M. Guizot, publiées dans la *Revue française*, 1838.

raison, les sentiments et les vertus solides, peut-elle se flatter de se conserver longtemps mâle, forte, vertueuse ? Qui peut apporter un remède efficace à cette plaie ? L'enseignement noble, solide de la religion chrétienne.

Si à cet amour de la frivolité, à ce mépris des choses solides parce qu'on les trouve trop abstraites, se joint l'esprit d'indépendance, l'étude presque exclusive des améliorations matérielles, les recherches scientifiques plutôt pour satisfaire la curiosité que pour s'affermir dans l'amour de la vérité ; plutôt pour se donner la réputation de savants, d'érudits, que pour imiter ce qu'il y a de louable dans la moralité antique, peut-on espérer de conserver une société durable ? Non, mille fois non. Faites au plutôt intervenir la loi chrétienne. Cette ardeur de la jeunesse ira de pair avec la moralité, et bientôt la science tournera au profit du corps social. Les anciens verront avec plaisir cette jeunesse studieuse voler dans la carrière littéraire, morale, scientifique, et ils n'attendront d'elle qu'un respect plus profond pour l'ordre social.

Pour la jeunesse surtout la nouveauté a des charmes puissants ; les succès la rendent présomptueuse, et lui font bientôt mépriser la belle antiquité. Que dis-je ? elle empruntera d'elle une liberté qu'elle ne comprend pas ; elle aura un souverain mépris pour le pouvoir, parce qu'on lui aura dit qu'elle est reine, et qu'elle a reçu la mission de régénérer la société, et de la faire marcher dans les voies du progrès. Qu'aurez-vous avec une pareille éducation? une société continuellement troublée. Qu'aurez-vous encore? une jeunesse pleine de dédain pour ceux qui la flattent. Sera-ce la jeunesse de Sparte, qui se lève devant les vieillards? Non, assurément non. Ce sera la jeunesse athénienne qui les méprise dans les assemblées publiques.

Appelez au plutôt au secours de la société la religion chrétienne. Par l'austérité de son enseignement, elle fera comprendre à cette jeunesse enivrée que ce qui était vrai autrefois l'est encore aujourd'hui; que les principes fondamentaux de la société doivent être fixes, invariables; que l'expérience des siècles milite en leur faveur; que la nouveauté que l'antiquité rejetait, est toujours nouveauté, qu'elle doit être également rejetée aujourd'hui; que la liberté est un mot vide de sens, quand elle prétend être la suite de la souveraineté du peuple, et que le radicalisme est absurde, puisqu'il n'a jamais été mis en pratique dans aucune société, pas même à Sparte, qui admit la distinction d'ilotes et de citoyens.

Cette influence de la loi chrétienne sur la bonne éducation dans la société n'est point imaginaire. Si la classe sensée du corps social déplore aujourd'hui les suites funestes de cet enseignement désastreux qui fut propagé sous les auspices des révolutions, c'est que le catholicisme n'a été considéré qu'à travers le prisme de la prévention; ainsi ses regrets sont bien fondés. La philosophie mordante du dix-huitième siècle, marchant sur les traces de l'hérésie révoltée contre l'Eglise-Mère, a frappé le coup fatal. Ses théories nouvelles, qu'elle a présentées sous leur mille et une couleurs, ont produit une étonnante catastrophe par la révolution française, que l'observateur éclairé n'envisagera jamais comme un fait isolé.

Qui ne sait que depuis cette époque, un changement s'est opéré dans l'enseignement social? Les principes que nos pères révéraient ont été ou totalement méprisés, ou noyés dans une foule de théories nouvelles, qui ont paru être alimentées par les divers événements qui se sont succédés avec la rapidité de l'éclair. Une fois lancé dans cette carrière de la nouveauté, on a toujours voulu marcher en avant, sans examiner si le point de départ était logique, sûr, raisonnable. Qu'en est-il résulté? Une maladie universelle dans l'enseignement : dès-lors l'éducation est devenue chancelante. On n'a pas voulu le croire ; peut-être ne le croit-on pas encore?

Dans des circonstances aussi déplorables il eût été nécessaire de consulter la loi chrétienne, qui ne change pas dans sa marche. Or, a-t-on daigné fixer cette étoile polaire de la société? Mais que fais-je? Les dissidents eux-mêmes, en matière religieuse, révèlent toute la puissance de la loi du Christ : «L'humanité est impuissante à se faire elle-
« même sa destinée, et le catholicisme est de toutes
« les croyances actuellement existantes celle qui

« imprime au genre humain une direction plus sa-
« lutaire, plus haute et plus sagement efficace (1). »

Enfin, il est une cinquième source des maux de la société, source qui dérive naturellement de l'abus des richesses et de la mauvaise éducation, source d'autant plus déplorable, qu'elle paraît plus enracinée dans l'homme que toutes les autres : c'est le goût effréné des plaisirs. De l'aveu de tous les moralistes, le plaisir poussé trop loin énerve l'homme ; donc, quand il s'introduit avec excès dans une société nationale, il y dépose des germes de faiblesse et de dissolution. « Le luxe (et avec lui
« l'amour excessif des plaisirs) est toujours l'a-
« vant-coureur de la chute des empires. Valeur,
« conquête, luxe, anarchie, voilà le cercle fatal
« et les différentes périodes de la vie politique de
« presque tous les états (2). » Or, l'influence salutaire de la loi austère du Christ est seule capable d'arrêter ou du moins d'affaiblir plus efficacement ce torrent dévastateur. « Elle doit donc
« rendre la société civile plus stable, et l'on doit
« certainement attribuer à cette cause la durée plus
« longue de la société moderne, que celle des
« anciens (3). »

Une sage politique, me dira t-on, influe suffisamment sur les mœurs publiques. On peut laisser

(1) Réflexions de M. Guisot sur le catholicisme, publiées dans la *Revue française*. 1838.

(2) Voyages de Cyrus, par M. de Ramsay, page 5.

(3) Dictionnaire théologique de Bergier, article société.

aux particuliers qui vont toujours trop loin, l'enseignement plus sévère de la religion ; mais, pour l'état, les lois civiles suffisent. Je conviens avec un auteur judicieux que « de sages lois tendent à rendre les faiblesses même utiles à la société ; voilà « tout ce que peut faire la politique ; elle ne change « point les cœurs, elle ne fait que mettre à profit « les passions (1). » Mais la religion chrétienne possède une toute autre puissance, différente de la politique qui cherche quelquefois à unir les citoyens par le goût du plaisir ; la morale austère de l'Evangile rend les citoyens disposés à tous les sacrifices, et leur fait toujours préférer l'utile à l'agréable.

Je ne puis pas concevoir quelle logique a dirigé la plume du philosophe politique, quand elle a tracé les lignes suivantes : « Une société de vrais « chrétiens ne serait plus une société d'hommes ; « son vice destructeur serait dans sa perfection « même. Le Christianisme est une religion toute « spirituelle, occupée uniquement des choses du « ciel ; la patrie du chrétien n'est pas de ce monde. « Il fait son devoir, il est vrai, mais il le fait avec « une profonde indifférence sur le bon ou le mauvais succès de ses soins. Pourvu qu'il n'y ait rien « à se reprocher, peu lui importe que tout aille « bien ou mal ici-bas. Si l'état est florissant, à « peine ose-t-il jouir de la félicité publique, il « craint de s'enorgueillir de la gloire de son pays ; « si l'état dépérit, il bénit la main de Dieu qui

(1) Voyages de Cyrus, par M. de Ramsay, p, 186.

« s'appesantit sur son peuple (1). » Une société de vrais chrétiens sera toujours moins livrée au plaisir, et par conséquent elle sera plus mâle. La saine logique trouvera-t-elle là des symptômes de dissolution du corps social? Le Christianisme enseigne au citoyen l'éloignement du plaisir qui l'énerve, mais il ne le conduit pas à l'indifférence envers la société dont il est membre. Qui ne sait que l'éloignement du plaisir et l'indifférence sont deux choses fort différentes? Quoi qu'on en dise, la loi chrétienne, en rendant le citoyen sage, réservé dans la prospérité, comme dans l'adversité, correspond parfaitement aux besoins de la société, et il bannit ces folles dépenses que l'excès du plaisir entraîne après lui.

Je termine ce chapitre par cette belle pensée de l'auteur de l'Esprit des Lois : « Chose admirable ! « la religion chrétienne, qui ne semble avoir d'objet « que la félicité de l'autre vie, fait encore notre « bonheur dans celle-ci (2). »

(1) Contrat social, livre IV, chapitre VIII, page 198.

(2) Montesquieu, Esprit des lois, livre XXIV, chapitre 3.

CHAPITRE VII.

Une société nationale qui tolère diverses religions dans son sein, salarie leurs ministres, et n'en adopte aucune, pour laisser aux citoyens la liberté de conscience, s'étaie sur un sophisme, et a lieu de craindre de s'exposer à une durée fort précaire.

Je devrais ici aborder la fameuse question des deux tolérances civile et religieuse, qui ont exercé la plume d'un grand nombre d'écrivains. On sait que la philosophie du dix-huitième siècle a pris de là occasion d'insulter le catholicisme, à cause de son intolérance prétendue; elle n'a pas pris garde qu'il entre dans l'essence d'une vraie religion de veiller au maintien de sa doctrine, comme il est de l'essence d'une vraie société de veiller à la conservation de ses principes fondamentaux. Dans la religion, le principe théologique est sacré; dans la société civile, le principe politique l'est également : l'un fournit la base de la tolérance religieuse, et l'autre la base de la tolérance civile. Dans la première tolérance, il n'y a qu'un acte théologique; dans la seconde, il y a tout simplement un acte politique.

Cela posé, je vais examiner si la fusion de ces deux actes est possible, tout en conservant les principes dans leur ligne respective. Cette fusion est-elle avantageuse à la société nationale? Oui, assurément oui. Les deux tolérances, envisagées sous leur point de vue logique, doivent produire une fusion d'opération, une fusion d'appui, une fusion d'exemple, une fusion de bienveillance, une fusion d'obéissance. Ces cinq points de vue que je vais examiner dans ce chapitre et le suivant, montreront jusqu'à quel point la liberté de conscience prescrit à une société civile la tolérance des diverses religions qui existent dans son sein, et si elle doit l'autoriser à n'adopter aucune de ces religions.

Je commence par la fusion d'opération. La religion en général donne au corps social une direction dont les effets ne peuvent être que salutaires. La différence des cultes diversifie cette direction, à cause de la différence des principes qui les constituent. La fusion d'opération ne peut donc exister que lorsque l'état adopte une religion. Il est vrai, l'autorité religieuse et l'autorité civile suivent deux lignes parallèles. Voilà la démarcation des principes; mais ce parallélisme moral n'interdit pas l'ensemble d'opération.

Un char est conduit par deux roues qui occupent chacune son côté, cela empêche-t-il qu'il y ait ensemble dans la marche? Mais si la roue de droite prenait une direction opposée à celle de gauche, qu'en adviendrait-il? Ou le char resterait immobile, si la force motrice des deux roues était égale, ou il se briserait par défaut d'équilibre, si l'une des deux roues se détachait de lui. Image juste du corps social qui est conduit par les deux autorités qui en partagent la direction. Cette marche, pour être morale, exclurait-elle tout ensemble dans l'opération? Admettons l'hypothèse, et voyons.

Si l'autorité civile imprime une direction opposée à celle de l'autorité religieuse, il y aura alors lutte du droit civil contre le droit divin. Que fera le citoyen? Ou il cherchera à se soustraire à cette action impie, ou il se livrera à l'apostasie. Ces deux inconvénients ne seraient-ils pas nuisibles à la société civile? La liberté de conscience ne serait-elle pas froissée? Etablissez la fusion d'opération, tous ces inconvénients disparaîtront.

Dans quelque société que ce soit, la liberté de conscience est une propriété du citoyen; la direction civile ne peut l'atteindre qu'indirectement; mais la religion influe sur elle d'une manière plus directe et plus positive, en ce qu'elle fait au citoyen une obligation de l'examen. Ainsi, quand les deux directions religieuse et civile se prêtent la main, le citoyen est obligé de suivre deux impulsions, qui n'en font qu'une par la fusion, impulsions qui le rendent plus éclairé sur la nature de ses devoirs, impulsions qui s'insinuent jusque dans le foyer sacré de la conscience, et rendent par là la liberté de conscience plus sûre, plus attentive, plus raisonnable.

Qu'on y prenne garde, le prétexte de la liberté

de conscience ne doit jamais jeter les sociétés nationales dans l'athéisme politique. Pourquoi? Parce que, sous l'influence de cette aberration, cette liberté devient toujours licence, et finit par produire l'irréligion dans le citoyen ; quand le corps social auquel il appartient, ne fait aucun choix en matière de religion, qu'en résulte-t-il? Aucune des religions professées par les citoyens n'étant associée à l'état, le corps politique se trouve dans un isolement presque toujours funeste. La religion accordera bien, il est vrai, sa direction au citoyen tant qu'il lui demeurera fidèle ; mais s'il se retire, elle sera réduite aux seuls vœux ; dès-lors la direction civile n'aura qu'un être matérialiste, qui aura cru que sa liberté lui permet de n'avoir point de religion. Une telle perspective est-elle bien logique? Dans le fond n'est-elle pas la conséquence de l'athéisme politique?

Ainsi soustrait à l'action de l'autorité religieuse, ce citoyen, me dira-t-on, ne pourra pas éviter l'action de l'autorité civile. J'en conviens ; mais que conclure de là? Qu'il ne sera plus retenu que par le lien de la force matérielle. D'une direction athée on ne peut attendre que l'athéisme. Mais si la religion et l'état se donnent la main par la fusion de direction, le citoyen ne pourra plus se soustraire ni à l'une ni à l'autre autorité ; cette perspective soutiendra ce citoyen chancelant dans sa foi religieuse et politique, et par là donnera à l'état des sujets plus religieux. Appelé à concourir au bien de l'état par ce qu'il y a de plus sacré, savoir : sa conviction religieuse, le citoyen suivra avec joie la direction qui lui sera donnée par le concours des deux autorités, qui règlent ses intérêts moraux et civils.

Une fusion d'appui. Le besoin de cette fusion me paraît fort bien analysé par les réflexions suivantes d'un publiciste politique, qui, vu sa dissidence religieuse, a pu juger sainement la nécessité de l'appui de la religion, pour le monde politique : « Il faut qu'il y ait entre la religion et la poli-« tique, de l'entente, de l'harmonie. Appelées à « agir sur le même être, et en dernière analyse, « pour le même résultat, comment y travailler « ensemble, s'il n'existe entre elles un certain « fonds commun de pensées, de sentiments, de « desseins ? Quelque distance qui les sépare, il y « a un rapport intime, un contact fréquent entre « les idées terrestres et les idées religieuses, de « l'harmonie entre ses désirs pour le temps et ses « désirs pour l'éternité. S'il n'y avait qu'incohé-« rence et contradiction ; si nos affaires, nos opi-« nions, nos espérances du monde, étaient com-« plétement étrangères ou hostiles à nos affaires, « à nos croyances, à nos espérances au delà du « monde ; si la religion de son côté ne faisait « qu'improuver et combattre notre vie et notre « société actuelles, leurs idées, leurs travaux, « leurs institutions, leurs mœurs ; bien loin de se « servir et de s'entr'aider, la religion et la poli-

« tique se nuiraient, s'entraveraient, s'affaibli-
« raient réciproquement. Ce qui doit être sur la
« terre une source d'ordre et de paix, ne serait
« qu'une cause de plus d'anarchie et de guerre (1).»

Ces éloquentes paroles démontrent clairement et en termes formels la nécessité de la fusion d'appui que doivent se prêter les sociétés religieuse et civile ; mais qu'on y fasse une attention sérieuse, ce mutuel appui ne sera solide, sans arrières pensées, que, lorsque les sociétés civiles auront répudié l'athéisme politique, et se montreront au citoyen protégées par la religion qu'elles auront adoptée.

Hé ! qu'on ne dise pas que cette adoption est inutile ; qu'il suffit qu'il y ait harmonie entre la religion et les citoyens qui la professent, et que l'état doit y demeurer étranger. La religion est dans l'état, nous en convenons, mais l'état n'est pas dans la religion. Voilà bien ce vain paradoxe sur lequel on s'appuie pour s'autoriser dans ce déplorable athéisme en matière politique. J'observerai d'abord que la religion n'existe pas dans la société comme un simple fait, qui ne la lie en rien au corps politique ou civile. Je l'ai déjà prouvé précédemment.

Avec un pareil raisonnement, il faut entièrement renoncer à la fusion d'appui. Les deux roues détachées du char social fonctionneront seules ; il y aura alors deux forces motrices, qui agiront

(1) Réflexions de M. Guisot, sur le catholicisme, publiées dans la *Revue française*, 1838.

chacune dans sa sphère, et qui jamais ne produiront un centre commun d'appui. Tandis que la société civile marchera sous la bannière de l'athéisme politique ; la religion, docile à sa noble mission, agira en dehors de l'état, moralisera l'homme, et laissera le citoyen. Elle ne répudiera pas les institutions sociales, mais elle ne les appuiera pas non plus, parce que son devoir est de combattre l'athéisme. Elle n'entravera pas l'état dans sa marche, mais elle le laissera agir seul. Qu'arrivera-t-il dans cette société civile ? Une bizarrerie qui n'a point de nom. On verra l'homme, comme créature intelligente, vivre d'harmonie avec la religion ; on verra le citoyen affranchi de tous liens religieux. Si une telle position n'est pas un sophisme, je crois qu'il serait difficile d'en trouver ailleurs. Supposons cependant qu'un concours imprévu de circonstances demande que la religion et l'état se prêtent un mutuel appui, qu'adviendra-t-il ? une contradiction logique, qui ne plaira ni aux malveillants, ni aux clairvoyants.

Une fusion d'exemple. Si la fusion de direction et d'appui a pour conséquence première le bannissement de l'athéisme politique, elle doit avoir pour motif premier le bon exemple. Car le citoyen ne vit que d'émulation : sans cesse il fixe les yeux sur le corps social dont il est membre, et il suit, pour ainsi parler, tous ses mouvements. Mais cette attention du citoyen n'est pas exclusive : du point de vue politique, ses regards arrivent au corps religieux : la marche régulière de la religion lui fournit toujours de puissants motifs d'encouragement. Donc, quand les deux autorités qui régissent le monde moral sous les ordres de la Divinité, concourent ensemble au bien général de la société, le citoyen se trouve comme saisi par deux motifs réunis ; il ne peut alors décliner ni à droite, ni à gauche, sans être condamné, et il se voit forcé de suivre avec ardeur la ligne que lui trace cette fusion d'exemple.

Ici, je pourrais interroger les souvenirs historiques ; ils me mettraient sous les yeux l'intéressant tableau des sociétés nationales, qui ont vécu heureuses sous la double influence de l'exemple religieux et de l'exemple politique ; nous verrions les chefs sociaux s'incliner devant la religion, et tout en exigeant ce qui est dû à César, rendre eux-mêmes les premiers ce qui est dû à Dieu. Puissante fusion, qui fait que le citoyen et l'homme religieux, le simple sujet et le magistrat, ne font qu'un, et se confondent dans cette noble ardeur qui les porte au bien !

Il faut le dire, la philosophie du dix-huitième siècle a été très-nuisible aux sociétés nationales qui l'ont suivie, en ce qu'elle a travaillé à les priver de l'appui de l'exemple religieux. Marchant la première sous l'étendard ignoble du mauvais exemple, elle a fait glisser habilement le poison de la licence parmi les citoyens, et elle a préparé tous les crimes qui effrayent aujourd'hui la société parvenue à sa plus haute civilisation. Tout le monde sait que ses succès se sont résumés dans l'athéisme politique, qui n'a plus rendu possible la fusion d'exemple.

L'astuce diabolique de cette secte, ou plutôt de cette réunion de toutes les sectes, s'est étagée de la tolérance de tous les cultes. Dominées par cette illusion, certaines sociétés nationales n'ont pas voulu se rendre juges dans cette matière délicate; elles ont donc pris le parti de n'adopter aucune religion, et en se retranchant dans cette lâche indifférence, dans cet égoïsme désolant, elles se sont privées de la direction exemplaire que la religion du Christ leur aurait imprimée. Cette astuce a été suivie par un parti politique, qui s'est paré d'un beau nom.

Tranchons le mot, le libéralisme aujourd'hui voudrait cette fusion d'exemple, malgré l'athéisme politique qu'il a adopté dans l'état qu'il dirige; mais il doit comprendre que le désir ne sera logique, que lorsqu'il aura renoncé à cette erreur monstrueuse. Mais que fais-je ? Je me lance dans les personnalités, et je dois m'en abstenir ?

Je conclus donc ce chapitre par les paroles suivantes d'un avocat qui a compris le mal : « C'est « nous tous qui sommes malades, nous tous qui « avons rejeté ce qui seul maintient l'ordre et « l'harmonie dans le monde. Insensés que nous

« sommes ! nous avons proscrit Dieu... et nous « nous étonnons qu'il nous abandonne (1). »

CHAPITRE VIII.

Suite. Fusion de bienveillance, et fusion d'obéissance.

Une société nationale qui contracte alliance avec la religion, afin d'obtenir sa direction, son appui et l'influence du bon exemple, a parfaitement compris l'importance logique de sa constitution. Doit-elle s'en tenir là ? Non, mille fois non. Obéir à la voix de la nécessité et au sentiment du besoin que l'on éprouve, est un acte louable ; mais en venir jusqu'aux liens précieux de la bienveillance, c'est une démarche noble et capable d'assurer à un état une durée indéfinie.

La religion et la société civile ne sont-elles pas deux sœurs, qui ont le même père et le même chef, qui est Dieu ? Ne doit-on pas les considérer comme deux jumelles, qui ont habité ensemble dans le même sein ? Par une loi juste et sage, le chef suprême de toutes choses leur a assigné à chacune son lot particulier. Or, en posant cette

(1) Plaidoiries de M. Ledru, insérées dans le *Journal de l'Ain*, 19 septembre 1838.

ligne de démarcation, aurait-il voulu détruire cette mutuelle affection, dont la famille nous fournit le type premier, malgré la séparation du domaine qui existe entre ses membres émancipés et jouissant de leurs droits? Oui, la religion et la société civile trouvent dans la famille leur origine commune et leur développement primitif. Là seulement elles doivent chercher les motifs de leur bienveillance.

Je vais plus loin, et j'interroge la loi générale des êtres. Ne remarque-t-on pas partout une certaine attraction, qui maintient l'harmonie universelle des êtres dans les divers ordres que le Créateur leur a assignés? Celle qui dirige le monde social a son foyer principal dans la religion. Hors de là, il n'y aurait qu'arbitraire et déchirement. La fusion de bienveillance entre le corps religieux et le corps politique est donc une conséquence logique, oui très-logique de cette attraction morale. La durée et le bonheur d'une société nationale sont dans l'accord logique du principe religieux avec le principe politique; mais cet accord doit résulter d'une sorte de magnétisme, que je nomme attraction des êtres moraux.

Supposons qu'il y ait haine entre la religion et la société civile, ce serait admettre une absurdité, un crime, un malheur. Prétendre que l'indifférence peut avoir lieu sans inconvénients, ce serait se retrancher dans un non sens qui déshonorerait l'une et l'autre. Donc, en admettant la fusion de bienveillance, on parvient au point social le plus juste le plus logique.

Cette bienveillance réciproque doit être sincère dans son action. L'hypocrisie déshonore un état, tout aussi bien que le simple citoyen. Chez l'homme religieux, c'est une sorte de sacrilége; les chefs sociaux et les chefs religieux se prodiguent des démonstrations de bienveillance, présentent au citoyen un spectacle fort intéressant. Mais si, sous ces dehors imposants, il n'y avait rien de sincère, à quelles réflexions fâcheuses ne se livrerait pas ce citoyen, s'il venait à découvrir cette astuce? Trouverait-il dans ce tableau, revêtu de si belles apparences, quelque chose qui méritât son attention? ne serait-il pas indigné de cette hypocrisie?

Quelques politiques voudraient faire consister cette sincérité d'action, de la part d'un état, dans ce qu'on appelle salaire accordé au ministre religieux. Il suffit, disent-ils, de gagner les prêtres par l'argent. Un pareil rôle serait indigne d'une société civile; je dis plus, ce serait un sophisme, toutes les fois que la bienveillance et la sincérité ne présideraient pas à cette action matérielle.

Cette bienveillance sincère par laquelle la religion et l'état s'aiment, se chérissent, se plaisent, deviendra infailliblement féconde dans ses effets. Le besoin d'action est inhérent à la vie sociale: alimenté par l'amour de la religion et de l'état, ce besoin est toujours fécond, et se change en une sympathie qui amène le citoyen aux sacrifices de tous genres. Cette sympathie tient autant de la religion que de la pure philanthropie ; car le citoyen et l'homme religieux, sans se confondre dans leur dénomination, doivent toujours être unis l'un avec l'autre, et l'accord de l'état avec la religion donne à cette attraction morale une impulsion qui la rend prodigieusement féconde dans ses effets.

Supposons qu'une société nationale devienne indifférente envers toutes les religions qui existent dans son sein, le citoyen ne marchera plus sous les auspices de la sécurité et de l'attrait : vous le verrez en quelque sorte se restreindre et éprouver un malaise qui lui rendra pénibles toutes les charges publiques; il servira l'état, plutôt par nécessité que par plaisir ; il donnera, parce qu'il redoutera la force, mais son sacrifice ne présentera rien de sympathique. Ce qui fait la durée d'une société nationale, c'est la sympathie du citoyen. Or, cette sympathie est un sophisme, quand cette même société s'obstine à suivre la bannière de l'athéisme politique, et veut néanmoins marcher.

Mais, dira le partisan de cette opinion inconnue de l'antiquité, le respect dû aux attributions respectives, fait un devoir à la société nationale de n'adopter aucune religion en particulier. Raisonner ainsi, c'est s'attacher à un sophisme ; c'est suivre la direction de l'égoïsme. Car demeurer chez soi, n'est pas respecter son voisin.

Assurément cette bienveillance, dont je parle, doit être respectueuse envers les attributions respectives de la religion et de l'état. Elle est de sa nature basée sur une ligne de démarcation, qui doit être maintenue dans toute son intégrité. Mais il ne la faut pas tracer par une fausse application. Qui dit condescendance, ne dit pas confusion. Tout empiétement est de sa nature nuisible à la force logique de ces deux puissances.

Quand la religion s'incline avec respect devant la puissance civile, nationale, renonce-t-elle pour cela à ses droits ? Non, mille fois non. Quel est donc le mobile de sa conduite ? La bienveillance, oui la bienveillance. Quand à son tour la société nationale s'incline devant la religion, fait-elle abandon de ses attributions ? Un vrai citoyen ne doit pas se livrer à une telle pensée. Que fait-elle donc ? Elle obéit à la voix imposante de la bienveillance.

Jadis les prêtres, les prophètes avaient des rapports assez fréquents avec les rois. Assurément ces rapports furent respectueux, mais ils ne dépassèrent jamais la ligne respective de chaque attribution. La bienveillance, l'amour mutuel les prescrivaient encore plus que la nécessité et le besoin. Mais si ces sociétés antiques avaient cru devoir suivre l'athéisme politique, sous le vain prétexte de favoriser la liberté de conscience, ces rapports eussent-ils été logiques, respectueux et bienveillants ? La religion et l'état ne se seraient-ils pas considérés à travers le prisme de l'indifférence ?

Oui, c'est à l'indifférence qu'ont abouti tous les

rêves d'une secte politique, qui n'a prôné la liberté de conscience, que pour arriver à l'athéisme pratique. Qu'est-il arrivé ? Certaines sociétés nationales se sont laissé dominer par ce prestige, qui a déposé dans leur sein tous les germes de dissolution sociale, et a placé sur le trône de l'opinion un égoïsme avant-coureur de la mort.

FIN DU SECOND LIVRE.

LIVRE TROISIÈME.

INTRODUCTION.

Ce livre n'est qu'un coup-d'œil philosophique sur l'état social depuis la chute de l'empire romain jusqu'à nos jours. Quand on considère l'Eternel, transportant, comme il le dit, les royaumes de nation à nation, à cause des iniquités, on comprend que les formes gouvernementales les plus sagement établies et les plus solidement assises ne sont rien, en comparaison de l'ordre invariable avec lequel il gouverne ce vaste univers. Entre ses mains les divers peuples ne sont que des instruments dont il se sert pour châtier les empires qu'il avait le plus favorisés. Ainsi, dans les premiers temps, la Chaldée châtia l'Assyrie, la Perse surmonta la Chaldée, la Grèce vainquit la Perse, Rome punit l'orgueil des Grecs, et les Barbares détruisirent l'empire romain, dont la capitale ne devait plus figurer que dans l'ordre religieux.

Je divise seulement ce livre en trois articles.

ARTICLE PREMIER.

Des peuples barbares.

Quand on voit le régénérateur du monde prendre naissance et ouvrir une carrière nouvelle, dans le plus haut apogée de l'empire romain, on éprouve comme le besoin de croire que cette vaste monarchie va désormais obtenir de nouveaux priviléges. Cette pensée acquiert un nouveau degré de vraisemblance, quand on voit tous les peuples connus subir successivement le joug de cet empire. Mais en se repliant sur les divines Ecritures, on reconnaît aisément que cette époque est le point d'arrêt des monarchies universelles. Il semble que dès lors un instinct secret, dirigé par la divine Providence s'empare des peuples même les plus barbares, les amène insensiblement et comme par degrés à la civilisation, et prépare ainsi les empires modernes, qui ne doivent plus être unis que par les liens de la conquête, mais par ceux du Christ et de la charité.

Avant l'établissement du Christianisme, les grandes monarchies avaient été le berceau des arts, des sciences, des principes politiques, et elles devaient naturellement attirer à elles les autres peuples moins civilisés ; mais après tout elles ne présentaient que des liens politiques, un principe d'unité purement civil. Elles paraissaient plutôt alimentées par le besoin de la conquête, que par le besoin moral et religieux que la loi du Christ devait inculquer dans le cœur de tous les peuples. Ainsi même philosophiquement parlant, la mission de Jésus-Christ dut être le tombeau des monarchies universelles.

Aussi les peuples barbares, domptés, civilisés même par les Romains, éprouvèrent bientôt un besoin invincible de se séparer de cette domination-mère. Ils ne connaissaient pas cette voix secrète qui les appelait : extérieurement, ils suivirent l'impulsion que leur suggéraient leur force numérique, leur amour pour le pillage, la férocité de leurs mœurs et le besoin de quitter des pays sauvages, que leur industrie ne savait pas rendre agréables.

L'irruption de ces peuples dans les diverses parties de l'empire romain, ne fut pas simultanément exécutée, et ne devint que successivement triomphante. Mais elle eut une cause morale et permanente. Quelle était-elle? la voix du Christ. Ainsi ne le pensent pas ceux qui veulent seulement aborder l'écorce de l'histoire. Mais le philosophe, vrai politique et vrai citoyen, découvre dans ces faits quelque chose de plus que la conquête et des guerres plus ou moins heureusement terminées. Il y découvre l'ère éloignée de nouvelles monarchies, qui vont successivement fleurir sous l'empire moral et pacifique du Christianisme. Il reconnaît dans ces faits épars, brutaux, devenant plus concentrés dans la suite des siècles ou des années, une vocation divine, qui veut retremper les peuples par le mélange et la refonte des monarchies antiques.

L'empire romain, après trois siècles de persécutions sanglantes et injustes, adopte la religion chrétienne. Mais, dans les intentions du Christ, c'est moins pour obtenir un nouveau titre à la monarchie universelle, que pour servir de phare aux nations barbares, qui, en se rangeant successivement sous l'étendard du Christianisme, marchaient elles-mêmes vers des empires florissants. Dès lors la civilisation civile découle de la civilisation chrétienne, et l'appel successif des nations barbares est le fait spécial de cette religion sublime, régénérant le monde moral, et travaillant à former le berceau du monde politique nouveau. L'aurore des conquêtes spirituelles a lui dans le corps social; l'orgueil des nations modèles ne doit plus livrer les autres peuples à une espèce de mépris; la société a reçu une loi nouvelle, qui doit enrôler tous les peuples sous son étendard, malgré la différence des bannières politiques. Le grand Paul, inspiré de Dieu, ne veut plus qu'on parle de Scythe et de Barbare, parce que sous le protectorat de Jésus-Christ, tous les peuples sont destinés à devenir nobles et civilisés. Ne voit-on pas le fier Attila, qui se disait le fléau de Dieu, s'incliner devant un Saint. Il régissait son peuple avec toute la rigueur du despotisme, mais une voix secrète semblait lui dire que la sainteté du Christianisme serait un jour, pour ce peuple féroce, la modification et le correctif de cette trop brusque domination, et l'aurore d'une civilisation nouvelle.

Tous les peuples qui sont désignés sous le nom de Barbares, ne doivent pas être envisagés comme privés de formes gouvernementales. En lisant attentivement leur histoire, on trouve chez eux un mélange bizarre de liberté, de licence, de férocité et de despotisme. Mais du reste, sous ces dehors informes, il est aisé de reconnaître que l'idée de la famille, considérée comme premier type de la société civile, ne leur fut point étrangère. Conçurent-ils la pensée de la souveraineté du peuple, que l'on admet aujourd'hui comme le fruit le plus heureux de notre civilisation outrée ? Il n'y a pas moyen d'en découvrir des traces chez ces peuples que la nature guidait, plutôt que l'art.

Dira-t-on qu'ils furent trompés, fascinés par des chefs habiles, qui avaient intérêt de se maintenir dans le pouvoir, et d'étouffer ce germe précieux, qui reposait confusément dans leur esprit ? Admettons que les peuples barbares soient féroces : la conséquence sera logique. Là, il faut s'arrêter, et ne pas étendre plus loin leur finesse. Livrés à eux-mêmes ou plutôt à la voix de la nature, qui toujours ne se fait pas entendre au milieu de certains préjugés de la civilisation, ces peuples purent se former du pouvoir une idée grossière, mais ils ne soupçonnèrent pas même l'astuce qui se cache hypocritement sous le manteau factice de la souveraineté populaire. Quoi qu'on en dise, cette invention sociale est moderne ; elle est le fruit du rêve de certains esprits orgueilleux que les Barbares eurent le bonheur de ne pas trouver dans leur sein, et même dans les débris de l'empire civilisé des Romains, qu'ils dévastèrent. Quand ils marchèrent vers la civilisation, vers une vie politique plus animée, plus conforme aux idées sociales, s'ils n'avaient eu que cette bannière à suivre, ne se seraient-ils pas immédiatement placés dans le volcan des révolutions ? Ne seraient-ils pas morts en naissant dans la vie civile ? Ce fut donc un bonheur pour eux d'ignorer une théorie qui jamais ne renfermera les véritables principes sociaux.

Cette irruption des peuples barbares fit au corps social une plaie profonde, qui fut longue à réparer. Dans les pays qu'ils conquirent, il y eut un mélange de mœurs disparates, qui exigea toute l'habileté de leurs chefs, pour former un tout social. Il en résulta d'abord des formes grossières, informes, grotesques même. Il eût été impossible de faire adopter à des populations si disparates un état social semblable au nôtre. Je dis plus : à supposer que la chose fût possible, le danger eût été évident. Au Christianisme seul était réservée la noble mission d'adoucir ces mœurs féroces. Nos citoyens modernes qui cachent leur despotisme sous le manteau constitutionnel, auraient évidemment échoué dans cette entreprise délicate. La divine

Providence avait préparé d'autres apôtres de la civilisation de ces peuples.

Quoiqu'ils parussent dominés uniquement par la licence, l'amour du pillage, le jeu de la force grossière, ils n'eurent point d'attraits pour la démocratie; la royauté leur apparut comme un sauve-garde plus solide. Il est vrai, cette royauté était simple, mais la valeur guerrière en formait le nœud principal. « Les princes des Barbares « étaient loin d'être rois dans le sens actuel de ce « mot : ils avaient plutôt des compagnons d'armes « que des sujets ; point de cour, point de capitale, « une vie errante et guerrière ; de l'autorité par « leur valeur bien plus que par leur naissance (1). » Le Christianisme s'empara d'eux, dans cet état de simplicité politique, et les affermit par la solidité du droit divin. Cette théorie leur parut infiniment respectable. Faut-il s'en étonner ? Elle dormait confusément dans leurs esprits.

Le Christianisme sut leur imprimer une progression sociale, qui convenait à des peuples grossiers et encore revêtus de l'écorce de la barbarie. Ils eurent besoin de marcher par les degrés moins élevés de la civilisation, pour atteindre, comme insensiblement et par une longue suite de progrès, cet état social, qui est le plus haut apogée de l'étoile régénératrice. Le flambeau de la civilisation devait se promener dans les diverses parties du monde, et devenir plus brillant, à mesure que les

(1) Histoire de France, par madame de St-Aïen, page 8.

divers peuples embrasseraient la religion du Christ, et la pratiqueraient avec fidélité.

La loi chrétienne apprit aux peuples barbares toute l'étendue du pouvoir divin dans les matières sociales et politiques. C'est pourquoi, pendant une longue suite de siècles, ils n'éprouvèrent pas la ridicule vanité de se croire eux mêmes souverains en matière politique. Sous les auspices du Christianisme, ils formèrent les divers empires européens modernes, tandis que les Barbares non convertis ou rebelles, furent refoulés dans l'orient, berceau primitif de la civilisation, et y arborèrent le drapeau ignoble de la barbarie, qui ne doit pas s'allier avec celui du Christ. « L'esprit du maho- « métisme, dit un écrivain moderne, est la persé- « cution et la conquête; l'Évangile, au contraire, « ne prêche que la tolérance et la paix (1). »

ARTICLE SECOND.

Des peuples du moyen-âge.

Tout le monde sait que le moyen-âge est cette époque de l'histoire sociale moderne, qui tient le milieu entre le commencement de l'ère chrétienne, et le temps où nous vivons. Envisagée politique-

(1) Itinéraire de Paris à Jérusalem, par M. de Châteaubriand, tome II, page 238.

ment, cette période, qui eut une durée de près de six cents ans, fut comme un moyen terme établi entre la barbarie proprement dite et la haute civilisation. Ainsi les formes gouvernementales de cette époque méritent l'attention du philosophe politique, parce qu'elles sont comme l'enfance des monarchies qui succédèrent à l'empire romain en occident. Au moyen âge, la destination des peuples barbares, qui, pour la plupart, embrassèrent le Christianisme, se dessina plus clairement; l'action religieuse sur la société fut plus directe et même plus puissante qu'aujourd'hui; le bon sens fit comprendre que pour travailler au bonheur de ces peuples, en quelque sorte dans l'enfance, il fallait toute la force et l'autorité de la religion. Quoiqu'en disent les admirateurs exclusifs de notre progrès actuel, il y a encore lieu d'admirer ces fameuses assemblées composées d'évêques et de seigneurs, qui, sous le titre de capitulaires, firent des règlements d'une haute sagesse, pour déterminer tout ce qui avait rapport à l'Eglise, au service militaire, à la justice, aux finances.

Charlemagne, maître de tout l'occident, essaya de continuer la puissance de l'empire romain, il voulut faire revivre la civilisation presque étouffée par la barbarie; il posa même les germes du gouvernement représentatif, par la formation du tiers-état, et l'établissement de députés élus dans chaque canton; mais une force irrésistible sembla paralyser ses vues et ses projets. Le mouvement social devait

5

être moyen pendant un certain laps de temps. Telle était la destinée de cet âge, qui devait s'imprégner de la puissance du Christ, pour parvenir à la virilité.

La religion chrétienne arrêta et les entreprises injustes de la féodalité, et la propension des peuples vers la barbarie. Les censures ecclésiastiques, l'influence prodigieuse de la cour de Rome sur les monarques, quoique poussée quelquefois trop loin, les établissements religieux fondés par les seigneurs tout-puissants, mais attachés à la foi chrétienne, les lettres reléguées dans les monastères, et reposant presque exclusivement sur la tête du clergé, parce que les laïcs aimaient mieux l'épée que les livres, déposèrent dans le corps social des principes solides et conservateurs. Qui ne sait que la demi-barbarie de cette époque aurait favorisé tous les écarts? Mais l'action directe du Christianisme en arrêtait tous les progrès et en préétouffait même les germes. Cette influence précieuse préserva cet âge de ces grandes erreurs sociales, qui sont trop souvent la suite d'un excès de civilisation. La subtilité de la philosophie d'Aristote, généralement enseignée alors, conduisit les esprits, il est vrai, aux idées métaphysiques; mais elle fut moins dangereuse que la philosophie moderne qui a introduit dans le sein de la société le scepticisme universel, l'amour d'une liberté voisine de la licence, un égoïsme ennemi des grandes vertus, et surtout une incrédulité et une irréligion désespérantes.

UNITÉ SOCIALE.

La philosophie de l'histoire du moyen âge n'est pas sans intérêt : elle mérite d'être examinée dans ses principes et ses développements sociaux. D'abord, il me semble que le moyen-âge est un terme autour duquel il faut grouper les améliorations des siècles précédents, la barbarie et même les expériences des âges subséquents. Il surgirait peut-être de là un système social plus sûr que nos utopies modernes, qui sont trop exclusives ; nous aurions alors pour principe fondamental le droit divin, qui agit dans toute sa force au moyen âge. Il fut poussé hors de ses limites par quelques souverains Pontifes, qui prétendirent avoir droit sur le temporel des rois. Du reste, mettant à part ces rares exceptions, ne fut-il pas la sauve-garde du corps social ? les chefs sociaux ne furent - ils pas plus sagement guidés dans l'usage de leur puissance ? et en s'inclinant devant le vicaire de Jésus-Christ, qu'ils choisirent pour arbitre de leurs différends, furent-ils inférieurs à ceux qui encensent l'idole populaire et les chefs des fausses religions ?

Ce frein du droit divin, dira-t-on peut - être, était bon pour des peuples à demi-civilisés, qui ont besoin du prestige religieux, mais il est directement opposé à la haute civilisation. Je veux bien ne pas entrer ici dans l'examen de ce principe soutenu par les hommes graves et influents de notre époque. Eh! bien, on l'a rompu ce frein : qu'est-il arrivé? Une vie de hasard en matière politique ; et quoi encore ? des crimes sans nombre, inouïs même qui semblent s'identifier avec notre civilisation outrée. Les hommes marquants de l'époque ne firent pas, comme ceux d'aujourd'hui, défaut au principe religieux. Le moyen âge fut austère dans sa manière de vivre, simple dans la vie domestique, noble et grand dans les édifices publics, et généreux envers le culte. Malgré son ignorance, il respecta des vertus qui aujourd'hui sont méprisées : sa vie politique ne fut point ballotée par la diversité des opinions, diversité qui est une plaie sociale plus grande qu'on ne le pense : il prit pour boussole l'unité de principes ; il ne la fit pas consister dans une espèce d'éclectisme, que nos hommes à haute portée encensent aujourd'hui ; moins incrédule, il reconnut qu'elle existe éminemment dans la religion du Christ.

ÉTAT DU PEUPLE.

Les peuples parurent languir dans une sorte de servilité, qui pourtant n'était pas l'esclavage proprement dit : le développement de la liberté n'eût-il pas été une nourriture dangereuse à des nations qui quittaient à peine la barbarie? A cette époque, était-il convenable qu'on dît au peuple, comme aujourd'hui : volez de vos propres ailes. Ce vol n'eût-il pas été imprudent? Ces peuples qui n'abordaient pour ainsi parler que l'enfance de la civilisation moderne, livrés à eux-mêmes et à toutes les passions de la liberté, auraient infailliblement subi toutes les conséquences déplorables de la licence.

FÉODALITÉ.

Ce qui contribua le plus à cette espèce d'asservissement du peuple, ce fut l'établissement du gouvernement féodal dû à la politique de Charles Martel, qui, pour s'attacher ses capitaines, leur donna des fiefs à charge de services militaires, vers l'an de Jésus-Christ, 742. Comme ce prince, célèbre pour son époque, donnait alors le ton aux peuples héritiers de l'empire d'occident, cette invention sociale fut bientôt suivie par le reste de l'Europe. Ces domaines seigneuriaux renfermaient un certain nombre de vassaux placés immédiatement sous les odres, la tutelle et le patronage des seigneurs.

Cet état politique opprima le peuple, paralysa son industrie, et sembla le dépouiller de son titre de citoyen. Car c'était une chose presque immorale de le voir attaché à la glèbe, et suivre l'héritage, comme des bêtes de somme. J'admets ces inconvénients, qui répugnent à nos mœurs actuelles. Mais il me semble qu'on jugerait la féodalité avec trop de sévérité, si on ne lui assignait que le point de vue social. La nécessité de suivre l'héritage formait un vrai lien de famille entre le seigneur et ses vassaux. Ce lien n'était-il pas aussi rassurant que le froid égoïsme qui dévore notre société actuelle? Si l'ambition du peuple pouvait moins se développer; si, circonscrite dans les limites du fief, sa liberté était naturellement restreinte, cela n'empêchait pas qu'il ne pût être heureux par le travail, et, en cas de maladie, par l'espoir d'être soulagé. Il est vrai, d'une main sévère et presque anti-sociale, le seigneur féodal semblait rétrécir son industrie; mais d'une autre main, il le soutenait, il lui offrait toutes les ressources de la charité. Le peuple n'était donc pas exclu de la société comme un membre étranger. S'il y entrait sous une espèce de tutelle, c'est que ses intérêts sainement entendus paraissaient peut-être le demander. N'était-ce pas l'éloigner du luxe, qui aujourd'hui mine le peuple émancipé, et effraye la société par le fléau de la banqueroute? Dans les nombreux établissements de bienfaisance que créa la féodalité, ses droits furent-ils méconnus? Quoi qu'on en dise, les Evêques, les Abbés et un grand nombre de Seigneurs laïcs firent un noble usage de l'influence attachée à la possession de leurs fiefs, et ils furent pour le moins aussi philanthropes que nos hommes actuels.

Si je discute sérieusement sur cet ordre de choses, ce n'est pas que je désire son retour, mais je le dois à l'amour de la vérité. Car, quoique le moyen âge présente son bon côté, je n'en suis pas un admirateur aveugle. Car, au fond, l'établissement du gouvernement féodal fut funeste au pouvoir monarchique ; les souverains ou les rois n'étaient que les suzerains d'un grand nombre de seigneurs, armés de leurs vassaux et de leur arrière-vassaux. Sous ce point de vue, la féodalité devrait obtenir la sympathie de nos politiques modernes, qui, sous le nom de constitution, entravent tout aussi efficacement la puissance royale. Ne sont-ils pas également armés de leurs électeurs dévoués à leurs ordres, et presque aveuglément attachés à leur glèbe politique? La puissance royale y gagne-t-elle quelque chose? ses embarras ne sont-ils pas aussi réels qu'au temps du moyen âge?

BIENFAISANCE, MONASTÈRES.

Dans tous les siècles, la bienfaisance a tenu le premier rang parmi les liens sociaux : par elle le fort vient à l'appui du faible, le riche fait que le pauvre oublie pour ainsi dire son état ; l'égalité sociale, qui est sans cesse combattue par les institutions politiques, se rétablit dans la pratique, puisque le membre le plus puissant relâche de ses droits, pour les faire influer sur celui que la rigueur du principe paraît réduire à une classe à part. Or, le moyen âge, quoique armé de sa redoutable féodalité, ne fit point défaut à cette précieuse qualité. Assurément il ne brilla pas sous le rapport des lettres, quoiqu'il ne fut pas sans génie : les mœurs publiques durent se ressentir de cette ignorance ; mais il ne laissa pas d'être riche en bienfaits.

A cette époque, les monastères étaient nombreux ; presque tous les hôpitaux furent fondés ; divers ordres religieux, militaires et même civils, offraient des ressources assurées à chaque corporation, aux différents membres de la société. Tout abordait ces pieux asyles par le seul titre du malheur ; le crime repentant, la vertu outragée trouvaient toujours un asyle dans ces établissements de tous genres, auxquels la main du Seigneur ne fut point étrangère. On faisait moins de bruit qu'aujourd'hui quand il était question de soulager le malheur ; on ne venait pas au secours du pauvre sous le voile du plaisir ; on aurait craint de faire outrage à sa misère ; on ne s'imaginait pas que la vraie charité se trouvât dans les joies brillantes du monde, dans les pompes théâtrales, dans cette philanthropie qui tient du roman ; on avait le bon esprit de soulager l'infortune au nom de la pénitence : ainsi joignait-on le bien moral au bien physique, comme pour offrir, avec une grandeur d'âme respectable, un aliment aux deux parties de l'homme.

Ainsi la philanthropie fut une école de vertu et non de vice.

Pour suffire à ses prodigieux établissements, le moyen âge n'interrogea pas les entrailles de la terre, avec la curieuse sévérité de nos institutions actuelles, qui avisent au moyen de satisfaire l'égoïsme, sous le titre d'émulation. On n'eut pas besoin de ce charlatanisme (qu'on me pardonne cette expression), qui, absorbant tous les esprits et toutes les imaginations, matérialise en quelque façon la vie du citoyen, fait oublier les principes moraux, quelquefois même les droits de l'équité naturelle, qui, en rendant la société religieuse, procurent tout aussi efficacement son bonheur, que les améliorations matérielles, qui souvent agrandissent les besoins et ne font qu'alimenter un sensualisme grossier et immoral.

Il est vrai, l'égalité devant la loi ne se présentait pas avec l'orgueilleuse hypocrisie de nos mœurs politiques : elle était même, si on le veut, un songe : le privilége lui fit une guerre active ; mais l'égalité devant la philanthropie du Christ s'offrait avec l'influence religieuse et les prodigieuses ressources de l'Eglise, alimentées par des citoyens. On les a ruinées au nom de la liberté du peuple. Qu'a-t-on mis à la place ? le luxe, la misère, les émeutes, la banqueroute, la mauvaise foi, et surtout une désolante prévention.

GUERRES, CROISADES.

La période qui forme la durée du moyen âge ne fut pas aussi pacifique. Elle offre des guerres spéciales, qui eurent toute la magie des temps fabuleux : l'amour profane avait enfanté ses héros ; on a vanté un peuple qui marcha à la conquête de la toison d'or et de la ville sacrée de Troie ; l'amour de Jésus-Christ produisit les siens. Pourquoi blâmerait-on les peuples qui suivirent son impulsion, et marchèrent à la délivrance de la ville des mystères ?

Ces expéditions lointaines du moyen âge ne doivent pas être considérées comme de simples guerres de religion : elles eurent un but politique, social même, dirigé par la divine Providence. Elles forcèrent les peuples de l'Europe à demi - barbares, à visiter l'orient, qui se ressentait encore de la civilisation de l'empire romain. Ne rapportèrent-ils pas de ce pays des idées de commerce, d'industrie, qui pouvaient dédommager l'empire de deux millions d'hommes que lui coûtèrent ces guerres encouragées même par l'Eglise ?

Il est vrai, le respect pour les saints lieux outragés, violés par des infidèles peu amis de la civilisation, fit palpiter des cœurs qui respectaient la foi plus que notre siècle d'incrédulité. Ces pieuses dispositions furent encouragées par des personnages d'une éminente sainteté et d'un haut savoir pour l'époque. Sont-ce là les indices d'un zèle brusque, peu éclairé et peu raisonné, comme le prétendent certains écrivains trop prévenus ? N'est-il pas plus raisonnable de croire que la divine Providence s'empara de cet empressement, pour lancer ces nations naissantes hors de leur territoire, afin de leur faire éviter des guerres locales qui eussent été très-nuisibles à l'état social de cette époque, qui commençait à se développer, à grandir même sous les auspices du Christianisme ?

« Les écrivains du dix-huitième siècle, dit M. de « Chateaubriand, se sont plu à représenter les « croisades sous un jour odieux. J'ai réclamé un « des premiers contre cette ignorance ou cette « injustice. Les croisades ne furent des folies, « comme on affectait de les appeler, ni dans leur « principe, ni dans leur résultat. N'apercevoir « dans les croisades que des pèlerins armés qui « courent délivrer un tombeau en Palestine, c'est » montrer une vue très-bornée en histoire. Il s'a- « gissait non-seulement de la délivrance de ce « tombeau sacré, mais encore de savoir qui de- « vait l'emporter sur la terre, ou d'un culte ennemi « de la civilisation, favorable par système à l'i- « gnorance, au despotisme, ou d'un culte qui a « fait revivre chez les modernes le génie de la « docte antiquité, et aboli la servitude. Il suffit « de lire le discours du pape Urbain II, au con-

« cile de Clermont, pour se convaincre que les « chefs de ces entreprises guerrières n'avaient pas « les petites idées qu'on leur suppose, et qu'ils « pensaient à sauver le monde d'une inondation de « nouveaux barbares (1). »

Eh ! qu'on ne se fasse pas illusion sur ces guerres dites sacrées, qui trouveront toujours leur justification dans le juste droit de représailles. Car « si « les sujets d'Omar, partis de Jérusalem, après « avoir fait le tour de l'Afrique, fondirent sur la « Sicile, sur l'Espagne, sur la France même, où « Charles Martel les extermina, pourquoi des « sujets de Philippe Ier, sortis de la France, n'au- « raient-ils pas fait le tour de l'Asie pour se venger « des descendants d'Omar jusques dans Jéru- « salem (2) ? »

Pourquoi les successeurs de ce prince n'auraient-ils pas épousé cette querelle, et par leur influence entraîné le reste de l'Europe dans une entreprise qui devait montrer à ces infidèles qu'on n'insulte pas impunément des peuples légitimes possesseurs de leur pays.

Ces guerres spéciales me fournissent une réflexion par laquelle je terminerai cet article. Souvent plusieurs siècles d'avance, la divine Providence pose des causes, qui doivent amener des résultats semblables, quoique différents par les

(1) Itinéraire de Paris à Jérusalem, par M. de Châteaubriand, tome II, pages 237 et 238.

(1) *Idem.* Livre *idem*, page *idem*.

motifs et les principes qui les dirigent. Qui sait si l'Europe, parvenue au plus haut degré de civilisation, héritière des améliorations sociales de l'orient, ne sera pas conduite par la force des choses à un point de contact avec ce même pays, pour détruire ou modifier un état social qui entrave les progrès du Christianisme, et le principe d'unité sociale, que l'on cherche avec grand bruit là où il n'est pas ?

Si jamais la chose avait lieu, marcherait-on, comme au moyen âge, au nom d'une religion que l'on croyait seule vraie. Avec la variété d'opérations inséparable d'une agglomération de peuples divers, aurait-on le bon esprit d'avoir une bannière, celle du Christ, qui réunît toutes les autres ? Assurément, l'on ne marcherait qu'au nom de la politique et de l'ambition, motifs plus injustes que ceux que la religion suggérait à ces peuples du moyen âge, qui ne rougirent point de se prosterner devant le saint Sépulcre qu'ils avaient conquis.

CONCLUSION.

Cet état social que je viens de décrire demandait un point d'arrêt. Aussi, vers la fin de cette époque, des rois sages comprirent qu'il était important d'affaiblir la trop grande autorité des seigneurs. Ils voulurent que les peuples fussent placés plus immédiatement sous leur tutelle. Ils travaillèrent donc à dégager leur autorité des liens féodaux qui l'entravaient. Sans détruire cet ordre politique, ils voulurent qu'il fût moins puissant; ils s'attachèrent les seigneurs par les lettres de noblesse, et firent des établissements qui rendaient le peuple moins asservi. C'est ainsi qu'ils préparèrent les progrès des âges suivants.

ARTICLE TROISIÈME.

Du progrès social moderne.

Le progrès social des peuples, qui ont successivement embrassé la religion du Christ, a suivi une progression digne de l'attention du philosophe. On voit que cette loi sainte s'est accommodée, s'est prêtée avec une souplesse pleine de réserve et de dignité au génie, aux mœurs, aux inclinations et aux goûts politiques des différentes nations qui se sont montrées dociles à sa voix. Son action a été plus vive et plus prompte chez les peuples déjà civilisés; mais elle a été plus lente chez les peuples plus barbares. Pourquoi ? Parce que, pour en faire des citoyens à la hauteur du Christianisme, il fallait premièrement les dépouiller de la barbarie, et ensuite leur inspirer le goût des lettres et des vertus sociales; opération qui exige une certaine lenteur, pour obtenir des fruits solides et durables.

On s'étonne que les peuples du moyen-âge aient langui si longtemps dans une sorte d'état stationnaire ou mixte. Faut-il attribuer cette situation politique au goût de l'époque? faut-il accuser l'Eglise d'avoir entravé le progrès social, parce qu'alors elle était toute-puissante? Là, ne se trouve pas l'appréciation logique de cette phase historique des peuples modernes. Il me paraît plus raisonnable d'en abandonner la cause à un décret spécial de la divine Providence, qui tenait à sa disposition une de ces catastrophes terribles destinée à dissiper la dernière dépouille de l'empire romain, et à signaler le passage des états modernes à leur âge de virilité.

Ainsi, pendant que le peuple grec se montra docile aux leçons du Christ, se fit un devoir d'écouter la voix de Rome catholique, qui devait être sa mère en religion, comme elle l'avait été en politique, Dieu parut retenir les autres peuples dans une espèce de moyen terme, afin de les mieux disposer au progrès. Mais le grand coup de foudre s'est-il fait entendre? le plus affreux despotisme s'est-il assis sur les débris de l'empire grec? ce colosse de puissance barbaresque s'est-il fixé tranquillement dans la ville fondée par les premiers empereurs chrétiens? Comme une essaim d'abeilles qui se développent par la chaleur, les peuples dociles au Christianisme marchent vers le progrès, pour dédommager l'état social des vastes régions que la religion ignoble de Mahomet va plonger dans la barbarie, et condamner à une espèce de mort sociale. Comme autrefois les persécutions romaines furent une source de nouveaux chrétiens, cette insulte faite au Christ est devenue une semence de nouveaux citoyens élevés par le Christianisme, et rendus virils par cette doctrine pure et éminemment sociale.

Héritiers des améliorations sociales de l'orient, qui fut le berceau primitif de la civilisation, les peuples européens qui entrent ainsi dans le progrès, reçoivent du ciel une terrible leçon. Il est vrai, Dieu veut qu'ils se perfectionnent sous les auspices du Christianisme; mais par cette espèce de réprobation à laquelle il livre l'orient, ne leur apprend-il pas que l'excès de la civilisation est souvent voisine de la barbarie? Ne leur montre-t-il pas que le progrès social est destiné à marcher dans un cercle plein de variétés, comme les rayons de diverses couleurs qui partent du même soleil?

Quoiqu'il en soit le progrès moderne n'est autre chose que l'état social des peuples chrétiens de l'Europe dégagée des liens de la demi-barbarie, et jouissant des bienfaits de la civilisation. Cet âge viril des sociétés modernes est digne d'entrer en parallèle avec les sociétés antiques, et se présente naturellement à l'observateur impartial sous le point de vue de progrès simple, de progrès avancé et de progrès excessif.

PROGRÈS SIMPLE.

La jouissance simple et naïve de la civilisation, le régime innocent et sans fard des principes religieux et politiques, se prêtant un mutuel appui par une fusion sincère, l'exercice de l'autorité sociale dégagée des formes brusques de l'absolutisme et des prétentions excessives de la liberté, telle est l'analyse logique du progrès simple, de cette phase sociale qui suppose que les peuples ont non-seulement passé de l'état sauvage et nomade à la bourgade, à la cité, aux lois sociales, mais encore se sont lancés vers une certaine perfection retenue dans les limites du vrai, du juste et du raisonnable.

Sous le règne du progrès simple, on ne connaît ni l'astuce, ni l'hypocrisie des opinions, ni les appas trompeurs d'une liberté voisine de la licence. Les améliorations sociales, les lettres, les arts, les sciences respirent cet air de candeur, qui s'allie avec l'esprit, le bon goût, la saine littérature, et répudie ce romantisme qui déshonore la vérité. Je ne trouve rien au-dessus du progrès social mis en pratique chez les peuples avec cette simplicité qui emprunte de la nature toute sa force et toute sa magie. En effet, qu'on considère la nature, ne verra-t-on pas qu'elle ne se perfectionne qu'avec simplicité? Elle est donc dans toute la force du terme l'image et le type du progrès proprement dit.

A l'enfance des nations, on compte par le nombre, par ce qu'on appelle le suffrage universel : Pourquoi? parce que c'est comme l'époque de l'enfantement des peuples, à leur âge de raison avancé, on vaut par l'intelligence seule. Mais sous le progrès simple, on se contente de compter et de valoir par la raison simple dégagée des embarras grossiers de l'ignorance, et préparée à recevoir sagement les lumières. Donc les hautes questions sociales ne doivent point s'agiter, parce que les besoins des peuples sont loin de les réclamer; elles seraient intempestives et hors de leur portée. La simplicité de l'Evangile seule moralise le citoyen, et préside à cette progression sociale qui ne doit pas dépasser les bornes de la nature.

Le progrès simple est l'époque naturelle des inventions; le citoyen ne s'occupe pas à accumuler les améliorations, il se contente de les inventer. Il y a chez lui jouissance naturelle, tranquille des choses existantes, et pourtant une aptitude logique au développement. S'il n'est pas condamné à subir les épreuves de l'opinion extravagante, à se préoccuper du remords de la pensée rétrograde, à s'imprégner de l'amour excessif de l'avancement, c'est que son esprit ne se livre qu'à la méditation des choses solides et revêtues de tous les traits de la vérité.

Enfin, le progrès simple est le point de départ logique des peuples dans les diverses progressions du progrès avancé; mais aussi, il est leur plus sûr point de ralliement, quand ils vont jusqu'à s'égarer dans les voies trompeuses, et mensongères du progrès excessif.

PROGRÈS AVANCÉ.

Par l'idée de simplicité qui lui est attachée, le progrès social exige un certain développement qui ne le destine point à être stationnaire ; ainsi tous les pas qu'il fait tendent de prime abord vers le progrès avancé, qui n'est que le progrès simple plus développé. Logiquement parlant, c'est un moyen terme établi entre la progression sociale qui commence sous les auspices de la simple vérité, et la progression des peuples qui devient excessive hors des limites du vrai.

L'intelligence fait le principal nerf du progrès avancé, mais c'est une intelligence qui retient chaque citoyen dons sa caste, lui démontre l'obligation d'agir dans sa sphère, et bannit cette antipathie grossière que certaines classes sociales nourrissent contre les autres ; c'est une intelligence qui porte tous les citoyens à se confondre dans une pensée unique, le respect dû aux deux autorités qui régissent le corps social et l'amour du pays ; c'est une intelligence qui donne aux améliorations sociales cet air de virilité et de perfection qui rassure et affermit les formes gouvernementales sous le double empire de la religion et de la raison.

« A l'âge de raison des nations, dit un littérateur, « on vaut par l'intelligence (1). »

Sous le règne du progrès avancé, l'autorité sociale est légalement et religieusement appliquée, et elle exécute avec virilité; rien ne vacille dans l'action des gouvernements. Si l'obéissance du citoyen n'est pas entravée par l'esprit d'indépendance, elle n'est pas avilie par la basse servilité. La vérité sociale ne luit-elle pas dans tout son éclat? Les liens sociaux ne sont-ils pas resserrés par la religion et placés en première ligne sous sa sauvegarde? Entend-on les vociférations effrénées de la licence et les gémissements de l'esclavage? Non, mille fois non. N'est-ce pas le règne complet et logique du droit divin? Pourquoi? parce que les lumières et l'intelligence n'ont leur source réelle que dans ce droit sacré. Le peuple est respecté dans ses droits, mais il n'est pas regardé comme souverain.

Quoique le progrès avancé soit pour les nations l'état de société le plus élevé, il n'est pas pour cela le plus sûr. N'est-il pas plus exposé à se rapprocher de l'excès que le progrès simple? Donc le maintien ou le *statu quo*, doit être son élément essentiel. Donc, pour se préserver des rêveries et des utopies du progrès excessif, il doit être dirigé, soutenu par un milieu juste, raisonnable. Car dans le cours de la vie politique des peuples, comme dans celui de la vie humaine, il y a de toute nécessité

(1) *Courrier de l'Ain*, 9 janvier 1841.

un point d'arrêt. L'homme mûr ne songe pas à revenir aux fleurs de la jeunesse, à la simplicité de l'enfance ; mais il fait tout ce qu'il peut pour se préserver aussi longtemps que possible des infirmités de la vieillesse.

PROGRÈS EXCESSIF.

A mes yeux, le progrès excessif n'est autre chose que le règne de la séduction ; c'est l'état social des peuples que certaines améliorations éblouissent, sans les rendre plus heureux. Je n'y trouve rien de naturel ; tout sent, tout respire le fard et un artifice plus hypocrite que vrai ; car l'astuce, la fraude, la mauvaise foi sont la vie réelle du citoyen, quoiqu'elles ne se montrent pas toujours à découvert, et qu'elles se cachent plus ordinairement sous le manteau du bien public.

L'orgueil est la base première de ce progrès, l'athéisme politique en est la conséquence, et la mort des nations qui l'ont adopté en est la fin ou le terme. Dans cet ordre de choses, le juste milieu n'est ni logique, ni naturel. Comme on est travaillé par la manie de vouloir fournir des âges régénérateurs, il faut avancer, et avancer toujours. Reculer, serait un crime : être stationnaire, serait une bassesse et un manque de courage.

Il n'y a rien de calme et de fixe dans les formes gouvernementales ; le droit populaire remplace orgueilleusement le droit divin ; ainsi l'autorité sociale n'est ni légitimement appliquée, ni évidemment usurpée. C'est un quasi permanent, qui veut se revêtir de toutes les apparences du droit, et qui pourtant ne roule que sur un faux, que l'on se qualifie du nom imposant de fait majeur, de fait accompli.

Le progrès excessif admet tout, hors le naturel; comme c'est la phase sociale qui paraît le plus s'éloigner du point de départ, les partisans de ce progrés se retranchent dans un éclectisme qui les séduit ; ils croient adopter les opinions les plus vraisemblables : dans le fond, ils ne font que se priver de la boussole du progrès simple ; ils se livrent à des rêveries qui flattent l'imagination des masses, sans remplir l'attente de la classe sensée qui veut sincèrement le bien ; entraînés par une apparence de raison et par l'intelligence du progrès avancé qu'ils croient posséder, ils s'égarent sans fin sur ce vaste océan des imaginations humaines.

L'influence salutaire du Christianisme devrait arrêter cette maladie de l'excès : car ses principes, touchant la société, ne respirent que la modération. Deux sortes d'esprits ont bien saisi cette vérité. Les uns ont redouté cette influence, et ils n'ont pas rougi de la présenter comme anti-sociale ; les autres y voient le salut de la société et la sauvegarde du vrai progrès. Mais malheureusement ils ne sont pas écoutés ! Restent donc les personnes séduites, et les séducteurs qui masquent leur égoïsme sous les dehors de l'amour du pays.

CONCLUSION.

Je pourrais faire l'application de ces trois sortes de progrès sociaux aux siècles modernes qui leur conviennent. Ce travail historique excèderait les bornes d'un article. Je m'en suis donc abstenu. Du reste, en lisant attentivement l'histoire depuis la chute de l'empire grec jusqu'à nos jours, il est aisé de classer ces trois sortes de progrès. Cela pourrait faire la matière d'un second volume que je pourrai publier plus tard. Je finis ce léger aperçu par la réflexion suivante : Le premier citoyen du monde, formé par la main même du créateur, voulut acquérir une connaissance qu'il ne devait pas avoir. Il se laissa dominer par l'amour du progrès excessif. Qu'arriva-t-il ? au lieu d'être dans cet état de perfection simple et sublime que lui assigna son créateur, il ne devint qu'une intelligence déchue. Il en est de même d'une société qui veut imprudemment dépasser les limites qui lui sont assignées. Elle ne peut devenir qu'une société déchue et livrée à toutes les aberrations de l'orgueil !

FIN DU TROISIÈME LIVRE.

LIVRE QUATRIÈME.

DE L'AUTORITÉ SOCIALE, ET DES DIFFÉRENTES FORMES DE GOUVERNEMENT.

INTRODUCTION.

L'autorité a toujours été regardée comme le plus précieux des intérêts de l'homme, et comme le plus indispensable des besoins sociaux; une autorité raisonnable exerce une influence secrète sur la conduite privée et sur les habitudes morales de l'homme; elle se trouve donc en harmonie avec le cœur de l'homme, avec l'esprit de l'homme, et dès qu'il contredit cette loi de son être, il est condamné aux écarts les plus déplorables. La vie du citoyen ne saurait être livrée au seul jeu de la force; les penchants que Dieu a imprimés dans lui pour la société, exigent quelque chose de plus moral et de plus spirituel.

Ainsi, pour lui donner une direction digne de sa haute destinée, il lui faut une puissance légitime, qui possède le droit de lui commander. Parler ainsi, c'est nommer l'autorité sociale, que Dieu a créée dans le sein de la société, pour le repos, l'ordre et la paix du citoyen. C'est ce qui va faire la matière de ce livre.

CHAPITRE PREMIER.

De la souveraineté de la société.

La société possède trois prérogatives, savoir : la force matérielle, qui consiste dans le nombre ; la force morale, que je nomme droit d'élection, et la force de sanction, qui n'est autre chose que le droit de fixer les principes fondamentaux d'après lesquels elle veut être régie. Un grand nombre de philosophes politiques ont fait dériver de là l'idée nouvelle de la souveraineté du peuple, qui me paraît fortement analysée par les paroles suivantes d'un écrivain distingué : « La souveraineté du « peuple est le principe de la liberté fondée sur « l'égalité politique, civile et religieuse ; la sou- « veraineté du peuple est le principe de l'ordre « fondé sur le respect des droits de tous et de « chacun ; elle n'est la plus belle des théories, que « parce qu'elle est la plus vraie ; elle n'est la plus « consolante, que parce qu'elle ne laisse aucun mal- « heur sans secours, ni aucune injustice sans ré- « paration ; elle n'est la plus sublime, que parce « qu'elle est l'expression de la volonté du peuple ; « elle n'est la plus féconde, que parce qu'il n'y a

« pas une perfectibilité qui ne découle d'elle ; elle « n'est la plus vivace, que parce que, s'il y a eu « toujours des hommes assemblés en société, elle « n'a pas eu de commencement, et que s'il y en « a encore toujours par la suite, elle n'aura pas « de fin ; elle n'est la plus naturelle, que parce « qu'elle n'est autre chose que la loi de la majo- « rité qui, à leur insçu gouverne les sociétés libres ; « elle n'est la plus noble, que parce qu'elle est la « seule qui réponde à la dignité de l'homme ; « elle n'est la plus logique, que parce qu'il n'y a « pas une objection sérieuse qu'elle ne puisse ré- « soudre, ni une forme de gouvernement à la- « quelle elle ne puisse se plier, sans altération de « son principe ; enfin, elle n'est la plus magnifique, « que parce que du tronc immense de la souverai- « neté du peuple sortent à la fois toutes les bran- « ches de l'arbre social, chargées de sève et d'om- « brage, de fruits et de fleurs (1). »

Il faut en convenir, présentée sous ce point de vue, la souveraineté du peuple a quelque chose de séduisant. Mais dans cet imposant tableau, qui nous représente cette souveraineté parée de couleurs riches et variées, revêtue de ses ombres et de ses reliefs, on ne s'étaye, après tout, que sur un sophisme. Oserai-je hasarder une conjecture ? peut-être sur un mot pris pour un autre. Car, plaçons à la tête du portrait que je viens de citer

(1) Études sur les orateur parlementaires, par Timon, tome II, pages 164 et 165.

le mot autorité sociale, les détails seront également vrais.

Quoiqu'il en soit, dans les trois prérogatives de la société que je viens d'énoncer, il me paraît bien difficile de trouver une souveraineté proprement dite et conforme à celle qui est dans l'autorité sociale. Serait-ce dans la force matérielle ou le nombre ? Le philosophe politique de Genève, qui a tant accordé à la société, ne serait pas même de cet avis : « Convenons donc que force ne fait pas « droit, et qu'on n'est obligé d'obéir qu'aux puis« sances légitimes (1). » Serait-ce dans la force morale ou le droit d'élection et le droit de sanction ? C'est bien l'opinion de Jean-Jacques Rousseau, qui prétend que la société, sous ce point de vue, est le souverain. Or, ce prétendu souverain qui n'est formé que de particuliers qui le composent, est un être bien imaginaire.

En effet, quoique le devoir et l'intérêt obligent également les deux parties contractantes à s'entraider mutuellement, quoique même les hommes doivent chercher à réunir sous ce double rapport tous les avantages qui en dépendent, il ne s'en suit pas que le prétendu pacte social fasse un souverain de cette multitude ainsi réunie en un corps. De ce pacte il peut résulter un tout tellement compact, qu'on attaquerait le corps en offensant un des membres, j'en conviens. Mais toutes ces choses réunies offrent-elles au logicien impartial les véri-

(1) Contrat social, livre 1er, chapitre III, page 10.

tables éléments de la souveraineté ? Ce tout, par cela seul qu'il est, est-il toujours ce qu'il doit être, uni, uniforme, comme l'est la souveraineté ? Cet ensemble parfait du corps social n'est-il pas continuellement troublé par l'égoïsme et l'ambition? Il n'y aurait donc alors presque jamais de véritable autorité dans la société.

La souveraineté de la société, sous quelque point de vue que je l'envisage, implique contradiction. Que faut-il penser de cet ensemble d'individus qui sont souverains sous un rapport, et sujets sous un autre ? Ce serait alors le même qui cesserait d'être le même par la collection. Il y aurait donc un tout moral, qui serait roi, et un tout subalterne, qui serait voué à l'obéissance. La souveraineté est un dépôt qui a été confié à la société par le souverain maître de l'univers; elle existe dans son sein, mais la société n'est pas la souveraineté. La divine Providence existe dans le monde ; dira-t-on que le monde est la Providence ? Le soleil existe dans la lumière ; faudra-t-il dire que la lumière est le soleil ?

Je conclus de là que nos réformateurs modernes ont reconnu dans le peuple une souveraineté qui ne flatte que l'imagination ; elle a servi de prétexte aux diverses révolutions. Mais de l'imagination et des prétextes au jugement, il y a une énorme distance. Que l'horreur de la tyrannie ait jeté les esprits dans le parti populaire, cela se conçoit ; que l'on ait flatté le peuple, pour favoriser son ambition, cela se conçoit encore plus aisément. Mais que l'on érige la souveraineté du peuple en principe, c'est une chose que le philosophe sensé ne concevra jamais.

Entre les abus de la tyrannie et la souveraineté du peuple, il y a un milieu. Quel est-il? Le droit divin servant de base et de fondement aux trois prérogatives que possède la société. Dieu a déposé dans le sein de la société une souveraineté, qui ne doit être mise en exercice que pour son bonheur et son repos. C'est la société qui met cette souveraineté en exercice, soit par l'élection de son chef, soit par le choix de ses lois fondamentales; mais Dieu seul sanctionne cette mise en exercice, parce qu'en lui seul réside l'unique et vrai principe de la souveraineté!

Du reste, si les partisans de la souveraineté du peuple veulent être de bonne foi, s'ils ne craignent pas de consulter la saine logique, ils verront aisément qu'il existe entre le droit divin et cette souveraineté un rapport de l'effet à la cause. Car ils n'oseraient pas prétendre que le peuple possède par lui-même cette souveraineté. Ce serait émettre une impiété, qui révolterait tout ce qu'il y a de raisonnable dans un homme sensé. Supposant donc que la souveraineté soit une prérogative que la société a reçue de la divinité, considérant abstractivement cette même société, nous découvrirons en elle une qualité de reine, parce que Dieu lui a confié tous les éléments de la souveraineté, moins le principe qu'il s'est réservé, et parce qu'il veut que de son sein se tire un chef qui commande à cette même société considérée collectivement, le commandement des masses étant impossible et nuisible à l'ordre. Dès lors nous obtiendrons deux idées qui sont nées l'une pour l'autre, c'est-à-dire que nous placerons en Dieu seul la souveraineté proprement dite; la société aura une souveraineté secondaire, dont elle fera usage par le choix de son chef, qui sera investi d'un caractère divin, et autour duquel se grouperont toutes les classes de la société, comme les enfants d'une même famille autour de leur père. Cette idée n'est-elle pas plus logique que les utopies des partisans de l'école anglaise, qui admettent pour principe social la souveraineté de la raison, pour moyen la hiérarchie des pouvoirs, et pour but une monarchie parlementaire?

Une souveraineté de ce genre est indéfinissable, incompréhensible et inapplicable. A supposer qu'elle soit l'expression des penchants que Dieu a donnés aux hommes pour la société, elle ne doit être classée que dans le rang des conséquences et non des principes; elle peut être un sentiment naturel, et non une puissance; elle peut faire comprendre au citoyen toute la sainteté de l'obéissance, mais elle n'aura jamais le droit de l'exiger, comme la souveraineté.

Je termine ce chapitre par les paroles suivantes d'un écrivain moderne: «La souveraineté du peuple

« est un mot vide de sens. Les peuples sont et seront « éternellement incapables de se gouverner eux-« mêmes , ni directement par leurs propres « mains, ni indirectement par leurs députés élus. « Les peuples sont nés pour obéir et non pour « commander ; telle est l'éternelle loi de la nature : « la souveraineté ne fut jamais leur droit, et se « détruira par eux-mêmes dans leurs mains, « toutes les fois qu'ils voudront l'usurper (1). »

CHAPITRE II.

Origine et antiquité de l'autorité sociale.

Je ne cherche point ailleurs que dans la création de l'homme l'origine et l'antiquité de l'autorité sociale. Là, je trouve l'idée la plus sublime et la plus philosophique de cette autorité si précieuse à la société, de cette autorité dérivant de l'Etre des êtres, qu'on ne saurait méconnaître sans déraisonner, de cette autorité que notre société ballotée en sens divers semble invoquer à grands cris, et que la divine Providence fait briller de si beaux traits dans cette Eglise, chef-d'œuvre du fils unique de Dieu, dans cette Eglise modèle de toutes les

(1) Réflexions de M. Henri de Fonfrède, citées dans le *Journal de l'Ain*, 22 novembre 1839.

sociétés, dans cette Eglise qui a régénéré et régénérera toujours les sociétés civiles, dans cette Eglise, en un mot, dépositaire des besoins de l'homme et type admirable de l'ordre social.

Y a-t-il quelque chose au-dessus de ce drame sacré, qui nous représente l'action de Dieu immédiate et directe, pour former le roi de la nature? Le premier homme ne fut-il pas roi de tous les êtres vivants, puisque Dieu amena devant lui tous les animaux, pour leur donner leurs noms respecpectifs? Ce qui a toujours été regardé comme une marque de royauté. Ne fut-il pas naturellement le chef de sa famille, et ne jeta-t-il pas les fondements de l'autorité royale, qui devait succéder à l'autorité paternelle? « La famille, dit Rousseau, est « le premier modèle des sociétés politiques; le « chef est l'image du père; le peuple est l'image « des enfants (1). » Je cite ces paroles du philosophe de Genève, sans partager l'espèce de ridicule qu'il jette sur la royauté d'Adam à la fin de ce même chapitre.

Depuis la création du monde jusques au déluge, l'autorité sociale fut exclusivement possédée par des individus privilégiés, c'est-à-dire qu'elle se résuma dans la paternité, qui est aussi ancienne que le monde, et qui est un privilége très-respectable, puisqu'en produisant son semblable, elle nous retrace l'image de la puissance divine. « Dieu

(1) Contrat social, livre 1er, chapitre II, page 5.

« ayant mis dans nos parents, comme étant en « quelque façon les auteurs de notre vie, une « image de la puissance par laquelle il a tout « fait ; il leur a aussi transmis une image de la « puissance qu'il a sur ses œuvres. (1). » Ainsi Adam, pendant les neuf siècles et plus qu'il vécut, posséda le titre de roi de sa postérité, quelque nombreuse qu'elle fût, et lors même qu'elle renfermait d'autres pères : en lui résida éminemment l'autorité paternelle, et les autres autorités paternelles, vis-à-vis de celle-là, ne furent en quelque sorte que secondaires. « Un grand nombre de fa- « milles se voyaient réunies sous l'autorité d'un « seul grand-père ; et cette union de tant de fa- « milles avait quelque image de royaume (2). »

Dans cette puissance privilégiée du premier grand-père, je découvre le type divin et mystérieux de l'autorité sociale, qui devait régir les diverses sociétés, quand l'empire paternel ne pourrait plus suffire à leurs besoins. Adam fut donc le premier type de cette autorité qu'il avait reçue immédiatement de Dieu. Après sa mort, elle fut complètement un être de raison, c'est-à-dire, que nous ne voyons ni dans l'Ecriture, ni dans les monuments de l'antiquité, qu'aucun des enfants d'Adam aient succédé à sa royauté. Il paraît que la puissance paternelle devait seule agir, et que

(1) Politique de Bossuet, livre II, article 1er, proposition III, page 57.

(2) *Idem*, livre *idem*, page 58.

Dieu ne jugea pas à propos de faire conduire sitôt le char social par une autorité autre que la paternelle. L'histoire de ces dix sept premiers siècles du monde ne nous est connue que par les généalogies que nous donne la Genèse. Je crois que le premier âge du monde fut le règne complet de la paternité, et que les nombreuses familles descendant des enfants d'Adam eurent chacune leurs chefs respectifs.

Après l'étonnante catastrophe du déluge destructeur du genre humain, l'autorité sociale se trouva réduite dans une seule famille. Noé fut le second type de cette autorité, et il la reçut du souverain maître comme un dépôt précieux. Dans le principe, elle fut revêtue du manteau de l'empire paternel; car Noé, comme père, avait un pouvoir sur ses enfants : ils lui devaient l'honneur, le respect, la soumission. Voilà bien l'autorité paternelle. Mais, quand sa famille se fut multipliée après le déluge, il n'en fut pas moins le chef, et alors, sans lui ôter sa qualité de père, nous pouvons lui donner celle de roi; voilà l'autorité sociale. Ainsi, dans ce second type, comme dans le premier, les deux autorités marchent comme deux lignes parallèles, ayant chacune leur point d'appui dans la divinité et la paternité. « Les enfants de « Noé, dit un écrivain moderne, sous l'autorité « de leur père, considéré comme père ou comme « roi, et dans la pratique de l'obéissance qu'ils lui « devaient à l'un ou l'autre titre, apprirent l'art

« de gouverner eux-mêmes leurs propres familles, « qui devinrent leurs peuples, quand à leur tour « ils furent en possession de l'autorité royale ; « mais ils n'exercèrent pas cette autorité aussitôt « après la mort de leur père. Ils restèrent encore « quelques temps sous l'empire de leurs vieilles « habitudes et des souvenirs de leur père, de leur « roi. Mais quand Dieu les dispersa, les chefs de « famille qui existaient alors, furent les pères ou « les rois d'autant de peuples (1). »

Un autre écrivain moderne fait sur ce second type de l'autorité sociale, les réflexions suivantes : « Après le déluge, le pouvoir est constitué une « seconde fois. L'histoire de cette seconde époque « est plus développée que la première. Par cette « histoire plus développée, il est aisé de connaître « comment les hommes étaient gouvernés dans la « première. Il est évident que le pouvoir y est, « une seconde fois, constitué dans la famille, « qu'une seconde fois le père en est investi par « Dieu même (2). »

Cette seconde opinion de l'autorité sociale venant du même principe, qui est Dieu, et représentée par son second type, ne saurait être affaiblie par les rêveries des partisans de la souveraineté populaire, qui erreront indéfiniment, toutes les

(1) Histoire de l'Ancien Testament, par M. l'abbé Yames, page 27.

(2) De l'origine et de la nature du pouvoir, par M. J.-B. de St-Victor, tome I, p. 52.

fois qu'ils cesseront de fixer cette étoile polaire des sociétés civiles. Je la trouve écrite dans l'histoire de tous les peuples de l'antiquité, qui ont légué à leurs successeurs cette précieuse tradition. Qui ne sait que les noms des rois des premiers peuples se rapportent tous à Noé. Ainsi le Menès des Egyptiens, le Deucalion des Grecs, le Mannacus des Phrygiens, le Sisuthrus des Chaldéens, l'Usoüs de Sauchoricaton, se sont trouvés dans les mêmes circonstances que Noé.

On voit que ces peuples ont puisé leurs traditions sociales dans les livres du peuple de Dieu, dont ils n'eurent, il est vrai, qu'une connaissance imparfaite qu'ils dénaturèrent par leurs fables. N'importe, on ne trouve dans leurs fictions poétiques, dans leurs monuments sociaux aucune trace du prétendu contrat social, créateur du gouvernement, et maintenant par la convention la famille dissoute par la cessation des besoins domestiques. Ils ne soupçonnèrent pas, non plus, que l'autorité résidait dans le peuple, puisqu'ils firent des dieux de leurs premiers rois.

Quoiqu'il en soit de ces traditions historiques de ces peuples anciens, il serait imprudent de chercher ailleurs que dans la famille, le modèle des sociétés civiles, et l'origine de l'autorité qui doit les régir. L'autorité sociale est une paternité plus grande; elle exerce une surveillance plus étendue que dans la famille, et elle atteint un plus grand nombre d'individus. Or, s'il est faux de dire que les enfants aient donné à leurs pères l'autorité qu'ils ont sur eux, il est également faux de croire que les pouvoirs ont été conférés aux rois par les peuples. Cette induction me paraît claire et conforme à ce que dit Aristote : « C'est dans la nature « même qu'il faut chercher l'origine de la maison « ou société domestique, de la bourgade, de la co- « lonie ; et c'est pourquoi, dans le principe, les « cités étaient gouvernées par des rois (1). »

L'autorité sociale a succédé à la puissance paternelle, mais elle n'en émane pas. Le philosophe politique de Genève en convient, puisqu'il dit : « Toute puissance vient de Dieu, je l'avoue (2). » Mais cet aveu ne l'empêche pas de lui assigner une origine d'imagination dans son pacte social. Il commence par établir l'étendue de la puissance domestique par ces paroles : « Les enfants ne « restent liés au père qu'aussi longtemps qu'ils « ont besoin de lui pour se conserver. Sitôt que « le besoin cesse, le lien naturel se dissout. « Les enfants exempts de l'obéissance qu'ils de- « vaient au père, le père exempt des soins qu'il « devait aux enfants, rentrent tous également « dans l'indépendance (3). » Il n'est pas possible de réunir dans quelques lignes plus d'ignorance et d'absurdités. Qui ne sait que l'autorité paternelle et l'obéissance ont toujours été considérées comme

(1) Politique d'Aristote, chapitre 1er.

(2) Contrat social, livre 1er, chapitre III, chapitre 10.

(3) Contrat social, livre 1er, chapitre II, page 5.

deux choses inséparables, même en présence de l'autorité sociale? Le lien domestique n'est-il alimenté que par le besoin de la conservation? Le titre de citoyen ne nuira jamais à celui d'enfant, et il n'y aura jamais une indépendance complète entre le père et l'enfant.

Mais allons en avant, et voyons comme Rousseau fait disparaître la puissance paternelle devant son autorité de convention. « Je suppose les hommes, par-
« venus à ce point où les obstacles qui nuisent à leur
« conservation dans l'état de nature l'emportent par
« leur résistance sur les forces que chaque individu
« peut employer pour se maintenir dans cet état;
« alors cet état primitif ne peut plus subsister, et
« le genre humain périrait, s'il ne changeait de ma-
« nière d'être. Or, comme les hommes ne peuvent
« engendrer de nouvelles forces, mais seulement
« unir et diriger celles qui existent, ils n'ont plus
« d'autre moyen pour se conserver que de former
« par agrégation une somme de forces qui puisse
« l'emporter sur la résistance, de les mettre en jeu
« par un seul mobile, et de les faire agir de
« concert (1). »

C'est ainsi que le philosophe de Genève exprime les inconvénients de l'état de nature ou de la famille, et l'insuffisance de l'autorité paternelle: advient donc la nécessité de l'autorité sociale, qu'il fait consister dans un pacte social, dont il donne ainsi le modèle: « Trouver une forme d'association

(1) Contrat social, livre 1er, chapitre VI, page 19.

« qui défende et protége de toute la force commune « la personne et les biens de chaque associé, et par « laquelle, chacun s'unissant à tous, n'obéisse pour- « tant qu'à lui-même, et reste aussi libre qu'aupa- « ravant; tel est le problème fondamental dont « le contrat social donne la solution (1). » Il faut en convenir, cette imagination est plus ingénieuse que philosophique. Elle n'est pas historique, puisqu'on ne trouve dans aucun monument de l'antiquité des vestiges de ce prétendu contrat. Elle n'est pas philosophique, parce qu'elle ne fait de l'obéissance sociale qu'un égoïsme bizarre; et en faisant consister l'autorité dans la volonté générale, il n'a pas pris garde que, « où tout le monde est maître, tout le « monde est esclave (2). »

Du reste, cette union de chacun avec tous, formant une individualité en fait d'obéissance, et laissant pourtant le citoyen dans le même état d'indépendance, est un paradoxe incompréhensible, et offre un optimisme impossible, parce que, tout en personnalisant l'association, il n'est pas possible de la faire marcher comme un simple individu. La fusion de toutes les volontés, dira-t-il, formera une volonté générale, qui aura toute la force de l'autorité. Ce résultat est rare, et presque toujours démenti par l'expérience. Il me semble qu'il est plus naturel de dire que « chacun renonçant à sa volonté

(1) Contrat social, livre 1er, chapitre VI, page 20.

(2) Politique de Bossuet, livre 1er, article III, proposition V, page 27.

« la transporte et la réunit à celle du prince et du « magistrat (1). »

Mais c'est assez raisonné sur une question, qui est clairement établie dans les livres saints, qui seuls nous fournissent les vraies traditions sociales, suivant la remarque d'un écrivain judicieux : « En parcou-« rant cette longue suite d'événements touchant le « gouvernement des Juifs, qu'ai-je voulu prou-« ver ? Que dès l'origine des sociétés, le droit « divin avait été la source du pouvoir politique. Ce « peuple historiquement le plus ancien de tous, « était le seul dépositaire de la vraie tradition re-« ligieuse ; je conclus de là qu'il possédait aussi « plus qu'aucun autre peuple les vraies traditions « sociales ; puisque c'est la nature de l'homme de « connaître Dieu et de vivre en société (2). »

CHAPITRE III.

Des principaux caractères de l'autorité sociale.

Puisque l'autorité sociale est une émanation de l'autorité suprême du Créateur, j'emprunte dans les attributs mêmes de la divinité les caractères principaux de cette autorité. La souveraineté de

(1) Politique de Bossuet, page 23.

(2) De l'origine et de la nature du pouvoir, par M. de St-Victor, tome 1er, page 101.

Dieu est toute-puissante, elle est infiniment juste, infiniment sage. L'autorité sociale doit donc réunir la puissance, la justice, la sagesse.

La puissance est une conséquence première et immédiate de l'autorité ; car le droit du commandement renferme essentiellement le pouvoir, ou si l'on veut, la puissance.

Mais il ne faut pas confondre la puissance avec la force. Qu'est-ce donc que la puissance ? C'est un acte moral qui lie la conscience, et commande à la raison publique et individuelle.

J'emprunte de Jean-Jacques Rousseau la définition de la force. « La force, dit-il, est une « puissance physique. Je ne vois point quelle mo« ralité peut résulter de ses effets. Céder à la force « est un acte de nécessité et non de volonté (1). »

La puissance rassure, persuade, convainc, soutient, et naturellement s'insinue dans le foyer sacré de la conscience. Au contraire, la force produit la violence : elle est complètement nulle pour le moral. C'est comme un torrent impétueux qui ravage, entraîne les propriétés, loin de les fertiliser. Une autorité qui n'aurait pour elle que la force, serait évidemment une autorité bâtarde. Car le droit du plus fort n'est qu'une dérision. « Force « ne fait pas droit. Ce mot de droit n'ajoute rien à « la force ; il ne signifie ici rien du tout (2). »

La puissance enfante la vertueuse obéissance. Car

(1) Contrat social, livre 1er, chapitre III, pages 9 et 10.

(2) Contrat social, livre *idem*, chapitre *idem*, page 10.

la puissance et l'obéissance sont évidemment deux termes corrélatifs ; c'est-à-dire que sans puissance, point d'obéissance, qui est l'acte de l'inférieur qui se soumet au supérieur ; sans obéissance, point de puissance, qui suppose toujours un acte de supériorité morale. Je dis plus, la puissance fait que l'obéissance devient un devoir. La force se contente d'ébranler l'athmosphère sociale ; elle fait entendre la foudre, mais elle ne va pas plus loin. Car, comme l'observe fort judicieusement le philosophe politique de Genève, « s'il faut obéir par force, on « n'a pas besoin d'obéir par devoir ; et si l'on « n'est plus forcé, on n'y est plus obligé (1).

La puissance régit la société par l'empire pacifique des lois : la force ne lui présente qu'une inévitable et turbulente nécessité. La puissance agit sur les facultés morales de l'homme social ; son action est indépendante de la force, quoiqu'il convienne qu'elle la possède toujours, parce que, avec cet auxiliaire puissant, elle éprouve moins d'obstacles dans le libre exercice de ses fonctions. C'est sans doute ce point de vue qui a conduit nos publicistes modernes à cette proposition : *La force fait le droit.*

Mais ils ont donné à cette proposition une extension déraisonnable : premièrement, parce que le droit ne dérive point de la force, mais de la puissance ; secondement parce que ces deux termes ne doivent jamais être confondus, quoiqu'ils soient

(1) Contrat social, livre 1er, chapitre III, page 10.

nés pour s'allier, et que de cette alliance résulte toujours un heureux effet pour le corps social. La puissance est un droit fixe, permanent; la cessation de la force ne le fait pas périr. La force n'est qu'un fait, qui ne peut devenir droit sans la puissance; elle revendique bien, si on le veut, le fait du commandement; mais la puissance entraîne toujours avec elle le droit de commander. J'avoue, cependant, que la force offre un certain prestige capable de séduire les masses qui agissent et ne raisonnent pas. Mais ce prestige ne doit pas éblouir l'œil du vrai philosophe, et dans le fond ne présente pas la magie de celui de la puissance.

Envisagée en elle-même la puissance est absolue, c'est-à-dire que son action doit être pleine, entière, sans résistance; elle doit être libre en elle même de tout ce qui implique contradiction avec l'idée de pouvoir. Néanmoins, elle ne doit pas produire un despotisme déraisonnable et inconséquent; elle a des bornes que trace autour d'elle la loi divine, dont elle est essentiellement justiciable. Ainsi revêtue de la puissance, l'autorité sociale est assurément fort imposante; mais elle ne répondrait pas à tous les besoins de la société, si elle ne s'alliait pas avec la justice.

Il est dans la société une balance, dont chaque bassin contient et les intérêts particuliers et les intérêts généraux. Le soin de cette balance est de droit confié à l'autorité sociale. Il y aura donc justice en elle, toutes les fois qu'elle conservera dans un équilibre exact ces deux espèces d'intérêts que le fait peut séparer, mais que la nature des choses doit toujours unir. Il est vrai, chaque citoyen a bien l'instinct de maintenir ses intérêts particuliers ou individuels, mais ce maintien individuel des intérêts particuliers ne forme pas toujours les intérêts généraux. Parlons plus juste. Les passions et l'égoïsme y mettent toujours une entrave. Il faut donc que l'autorité sociale fasse respecter l'ensemble des intérêts particuliers et généraux ; et c'est pour cela que, après la puissance, son élément fondamental est la justice. Cette seconde qualité de l'autorité sociale est une conséquence immédiate de la puissanee. Car la force morale que nous lui attribuons ne saurait être injuste, puisqu'elle émane directement de la Divinité.

Le sage nous fait un bel éloge de la justice sociale, quand il dit qu'elle fait la grandeur des nations : *Justitia elevat gentes* (1). Or, pour être mise en exercice et utilement appliquée, cette reine des vertus demande une autorité visible qui, parlant en même temps aux sens, à l'esprit et au cœur, mette chaque chose à la place qui lui convient : elle demande des juges ; et c'est le propre de l'autorité sociale d'en exercer les nobles fonctions ou par elle-même ou par ses délégués. La justice ne s'exercera jamais au nom de la société toute entière. Pourquoi? Parce qu'il y aurait toujours payement de ses propres mains, et très souvent

(1) Proverbes de Salomon, chapitre XIV, ✡ 34.

violence et oppression, puisque la société est un composé d'individus dont les intérêts respectifs s'entrechoquent ordinairement. Qui ne sait que tous ces inconvénients disparaissent, en admettant dans le corps social une autorité venant de Dieu, revêtue de la puissance, assise sur les bases de la justice, et dirigée par la sagesse?

Le gouvernement de la société doit être un ouvrage de raison, d'intelligence et de fermeté! Eh! remarquons comme tout se fait parmi les hommes par la raison et par l'intelligence? « Les maisons « se bâtissent par la sagesse et s'affermissent par la « prudence; l'habileté remplit les greniers et ra« masse les richesses (1). »

La société a besoin de l'autorité, non pour être écrasée, mais pour être protégée et conduite dans les sentiers du vrai et du juste. Elle demande donc que la sagesse conduise chaque chose à sa fin avec une force mêlée de douceur. Ainsi la sagesse de l'autorité sociale consiste à faire un usage raisonnable de la fermeté et de la douceur.

La société a pour elle la force; si elle la dépose aux pieds de l'autorité, c'est moins pour y renoncer, que pour la recevoir dans la coupe de la douceur et de la fermeté. Pour son bonheur, comme pour son repos, elle ne doit point frapper; sa main vigoureuse serait trop une main de fer, le contre coup retomberait sur elle; elle doit frap-

(1) Proverbes de Salomon, chapitre XXIV, ✝ 3, 4, etc.

per par son chef; elle veut donc que la sagesse dirige ses coups, que la douceur empêche qu'ils ne deviennent tyranniques, et que la fermeté les rende terribles aux perturbateurs du repos public.

C'est ainsi que la sagesse divine gouverne ce vaste univers. Le soleil luit pour le méchant comme pour le bon : voilà la douceur, la bonté, la miséricorde. Les événements terribles, la peste, la famine, les guerres, les débordements des fleuves frappent le corps social ; voilà la force, la fermeté, les châtiments.

Cette sagesse de l'autorité sociale est une émanation de la sagesse divine qui, inépuisable comme son auteur, a toujours pour fournir abondamment à l'autorité, sans perdre ce qui lui est nécessaire pour le gouvernement du monde.

Si l'autorité ne venait que de la société, comme le pensent Jean-Jacques Rousseau et nos réformateurs modernes, cette sagesse, qui est son troisième élément, serait fort précaire, et sa marche ne se soutiendrait pas très longtemps. Car, si l'homme possède à peine la sagesse qui lui est nécessaire, pour bien se conduire lui-même, comment pourrait-il en trouver assez dans son propre fond, pour gouverner les autres ?

Je sais que le citoyen de Genève prétend que « la « volonté générale est toujours droite et tend » toujours à l'utilité publique (1). » Or, comme

(1) Contrat social, livre II, chapitre III, page 38

c'est de la réunion des volontés individuelles qu'il fait naître cette volonté générale, dont il forme le souverain, il s'en suit qu'en reconnaissant que cette volonté est toujours droite et tend toujours au bien public; il veut que la sagesse se trouve toujours dans l'autorité sociale. Mais il l'extrait d'une source bien douteuse. Car une réunion de sagesse suffisant à peine à chaque individu pour les intérêts privés, ne change pas la nature de la sagesse humaine, qui de sa nature est faillible: la collection peut augmenter la force; cette idée l'a sans doute séduit: mais elle ne va pas jusques à former cette sagesse sociale qui vient de Dieu, suivant ces belles paroles du roi Salamon, dont le règne nous offre le type de la puissance, de la justice et de la sagesse: « J'ai désiré le bons sens, et il m'a été donné: j'ai « invoqué l'esprit de sagesse, et il est venu sur « moi; j'ai préféré la sagesse aux richesses et aux « trônes; au prix de la sagesse, les richesses « m'ont paru comme rien: devant elle l'or m'a « semblé un grain de sable, et l'argent comme de « la boue; elle est plus aimable que la santé et la « bonne grâce; je l'ai mise devant moi comme un « flambeau, parce que sa lumière ne s'éteint ja- « mais. Tous les biens me sont venus avec elle, et « j'ai reçu de ses mains la gloire et des richesses « immenses (1). »

Quelque grande, quelque puissante, quelqu'im-

(1) Livre de la Sagesse, chapitre VII, ℣ 7, 8, 9.

posante que soit la volonté générale, est-elle capable de donner à l'autorité cette aimable sagesse dont le roi privilégié du Seigneur nous fait un si beau portrait ?

CHAPITRE IV.

Comment l'autorité se perpétue-t-elle dans le corps social ?

Quoique toute autorité vienne de Dieu, quoique l'autorité sociale soit un dépôt que l'être des êtres a confié à la société pour sa garantie et sa force, il ne faut pas conclure de là que la société est étrangère à la manière dont cette même autorité se perpétue, se vivifie en quelque sorte dans son sein.

Ainsi, pour aborder de suite le sujet de ce chapitre, je dis que l'autorité se reproduit par l'action sociale, comme la paternité se perpétue par l'acte de l'homme. En vertu de la parole divine, l'homme produit son semblable par la génération : l'humanité se vivifie par elle-même : l'acte est propre à l'homme, c'est l'acte de l'homme ; mais la puissance productrice n'est pas de lui. Tel est l'ordre naturel établi par le créateur. De même, dans l'ordre social, l'autorité se reproduit par l'action sociale : cette opération vivifiante est le propre de la société : l'autorité est comme un germe qu'elle est chargée de faire fructifier ; mais la puissance productrice n'est pas d'elle : elle vient de plus haut : elle émane de Dieu. Tel est l'ordre social établi par le chef suprême de toutes les sociétés. Dieu a dit à l'homme : crois et multiplie, pour peupler la terre. De même il a dit à l'autorité : reproduisez-vous par l'action sociale, pour le bon ordre et le repos des citoyens.

Eh ! remarquons l'analogie qui existe entre cette paternité morale, et la paternité naturelle. Le père meurt, mais la paternité est immortelle, et les droits de père subsistent toujours par la précieuse fécondité de la génération. De même, comme l'observe fort judicieusement le savant Bossuet, « Le « prince meurt, mais l'autorité est immortelle, « et l'état subsiste toujours (1) » par la génération morale qui d'écoule de l'action sociale.

Or, en quoi consiste cette action de la société, par laquelle l'autorité se perpétue et se reproduit en quelque sorte ? dans l'élection ou le choix ; l'élection est évidemment la propriété de la société, c'est son privilége insigne, c'est son apanage exclusif, puisque Dieu la permit même sous le gouvernement des juifs tout théocratique qu'il était. C'est par l'élection que s'opéra dans la société le passage de l'autorité paternelle à l'autorite sociale. Je dois laisser parler sur ce point un historien judicieux : « Les sociétés domestiques étant devenues fort nom- « breuses par la succession des temps, et les fa- « milles s'étant partagées en diverses branches

(1) Politique de Bossuet, livre 1er, article III, VIe proposition page 27.

« qui avaient chacune leurs chefs, et dont les intérêts et les caractères différents pouvaient troubler « l'ordre public, il fut nécessaire de confier le gouvernement à un seul, pour réunir tous ces chefs « sous une même autorité, et pour maintenir le « repos public par une conduite uniforme. L'idée « qu'on conservait encore du gouvernement paternel et l'heureuse expérience qu'on en avait faite, « inspirèrent la pensée de choisir, parmi les plus « gens de bien et les plus sages, celui en qui l'on reconnaissait davantage l'esprit et les sentiments « de père. L'ambition et la brigue n'avaient point « de part dans le choix. La probité seule et la réputation de vertu et d'équité en décidaient et donnaient la préférence aux plus dignes (1). »

Mais, si c'est par l'élection que l'application de l'autorité se perpétue dans la société, soit que l'on adopte le système purement électif, soit que l'on préfère le système héréditaire, ce n'est pas dans l'élection qu'il faut chercher la cause première ou productrice. Car l'action sociale ne peut pas plus produire l'autorité, que l'action de l'homme produirait la paternité, sans la parole divine. Il n'y a point là d'abstraction métaphysique.

La cause première est Dieu, confiant à la société l'autorité, comme un dépôt sacré, inviolable, pour être appliqué par elle et pour ses besoins : la cause secondaire est la société agissant en vertu du man-

(1) Histoire ancienne de Rollin, tome I, avant-propos, pages 19 et suivantes.

dat divin. C'est sans doute ce point de vue qui a suggéré la réflexion suivante à un écrivain moderne: « Aucune puissance ne peut prescrire ni « prévaloir contre le droit éternel des nations de « se donner le gouvernement qui leur plaît (1). » Mais quand il dit que « la souveraineté du peuple « est la lumière qui luit dans les ténèbres de la dis- « pute humaine ; que c'est à sa lueur seulement que « les logiciens peuvent marcher ; que hors d'elle, « il n'y a qu'arbitraire, iniquité, contradiction, « chaos (2); » veut-il simplement parler de l'action sociale chargée de l'application de l'autorité ? Alors la chose est vraie, très-vraie ; et je souscris volontiers à sa proposition. Mais s'il prétendait aller plus loin, et reconnaître dans le peuple la cause productrice ou première, alors il y aurait de sa part iniquité et erreur manifeste.

Toute autorité vient de Dieu : il n'y a pas moyen de nier cette vérité sacrée, fondamentale, palladium unique de la société. Toute paternité vient également de Dieu. Ces deux vérités sont sanctionnées par les lettres sacrées et sont très- conformes à la saine logique. Mais, entre cette cause première de l'autorité et l'action sociale qui la perpétue, il n'y a pas plus contradiction que dans le cas de la paternité.

Je termine ce chapitre par les paroles d'un roi

(1) Etudes sur les orateurs parlementaires, par Timon, tome 1er, pages 176 et 177.

(2) *Idem*, page *idem*.

(David) , dont le règne montre que l'action divine n'est pas étrangère à l'action sociale : « Prenez cou-« rage et soyez toujours gens de cœur , parce que « encore que votre maître Saül soit mort, la mai-« son de Juda m'a sacré roi (1). » « Ce prince , dit « Bossuet , veut faire entendre (à ceux de Gabès-« Galand) que comme l'autorité ne meurt jamais , « ils doivent continuer leurs services , dont le mé-« rite est immortel dans un état bien réglé. Il faut « bien que les princes changent , puisque les hom-« mes sont mortels : mais le gouvernement ne doit « pas changer; l'autorité demeure ferme , les con-« seils sont suivis et éternels (2). »

CHAPITRE V.

L'autorité sociale se trouve dans toutes les formes de gouvernement.

Puisque tous les peuples n'ont pas été régis par la même forme de gouvernement ; puisque tel mode d'existence politique qui est convenable à une nation , serait nuisible à une autre ; on doit conclure de là que l'autorité sociale se plie à ces différentes

(1) II. Livre des Rois , chapitre II , ✻ 7.

(2) Politique de Bossuet , livre 1er, article III , VIe proposition , page 38.

espèces de gouvernements, et qu'il n'en est aucun qui doive se flatter de la posséder exclusivement.

Le logicien ne doit pas juger de l'autorité sociale par l'éclat dont elle paraît revêtue dans son application. La monarchie pure, il est vrai, en est une plus fidèle expression, parce qu'elle se rapproche plus de son origine et de son application primitive. Néanmoins la forme républicaine, qui s'écarte de la monarchie, ne doit pas être considérée comme une dénégation de l'autorité. Pour s'en convaincre il suffit de jeter un coup-d'œil sur le type de l'autorité sociale, que l'histoire sainte nous offre dans le gouvernement politique des Juifs. Nous y verrons le tableau de diverses formes gouvernementales dirigées par le même principe. Ce peuple formé en corps de nation par Moïse son législateur, est successivement gouverné par des juges, des rois et des chefs militaires. L'autorité de Dieu qui voulut être le roi temporel des Juifs, semble se plier à ces différentes modifications. Pourquoi n'accorderions-nous pas la même souplesse à l'autorité sociale? Que dis-je? est-elle autre chose que l'autorité de Dieu, qui daigne s'abaisser sous ces formes diverses?

Je sais que l'uniformité est un principe dans les matières religieuses : Dieu est un : donc la religion doit être une. Je sais également que l'autorité sociale est une comme son auteur; elle est une, comme la nature, dont les lois sont régulières; elle est une comme le soleil, qui féconde la terre, par une influence variée ; enfin, elle est une, parce qu'elle est essentiellement un principe religieux. Mais quand elle s'applique aux matières sociales, elles n'est point ennemie de la variété : elle est comme le firmament qui brille par ses diverses constellations ; elle suit la nature du climat, qui diversifie les peuples, et amène la variété des inclinations.

L'autorité sociale est comme une eau qui coule dans des canaux de diverses formes ; si ces canaux se brisent, on en fabrique de nouveaux, mais c'est toujours la même eau qui coule et qui les alimente. Faite pour la société, l'autorité est néanmoins en dehors d'elle ; c'est une règle qui mesure tout, et qui ne fait point partie des objets mesurés ; c'est un manteau social destiné à couvrir tous les peuples, de quelque stature qu'ils soient ; c'est le palladium des peuplades même les plus obscures ; en un mot, c'est une émanation de la puissance divine qui brille dans les productions variées de ce vaste univers. Il ne faut donc pas s'étonner qu'elle se trouve dans toutes les formes de gouvernement qui ne blessent point les principes sociaux.

Il est utile d'examiner ici ce que l'on entend par gouvernement. Selon Jean-Jacques Rousseau, « le gouvernement est l'exercice légitime de la « puissance exécutive (1). » Quelque vraisemblable que soit cette définition, je crois qu'il est plus juste de dire que tout gouvernement est l'exer-

(1) Contrat social, livre III, chapitre 1er, page 80.

cice de l'autorité sociale. Quand cette autorité est légitimement appliquée et tombe sur un sujet apte à la recevoir, le gouvernement est de fait et de droit tout à la fois. C'est ce que je nomme la légitimité proprement dite. Si cette application est le simple effet de la force matérielle, sans le consentement et l'action de la société, le gouvernement est alors une usurpation, et doit s'appeler tyrannie. Si elle survient après une première application faite légitimement, et cela par suite d'une révolution, le gouvernement n'est que de fait, et il a besoin de la sanction du temps et du consentement de la nation, pour acquérir le droit.

Préciser jusques à quel point l'autorité sociale s'adapte aux gouvernements, qui ne sont que de fait et même tyranniques, ne me paraît pas une tâche facile. Ces hautes questions sont ordinairement éclaircies par le temps. Il est plus imprudent qu'utile de les examiner. Néanmoins, dans ces cas douteux, la société n'est point livrée aux vains caprices du hasard, parce que le séjour de l'autorité dans son sein est fondé sur un droit fixe. Tel est assurément le sens des paroles suivantes d'un écrivain distingué : « Nous ne croyons pas que les « lois éternelles de la morale et de la justice cessent de gouverner le monde, et que la souveraineté du peuple puisse mourir (1). »

Lorsqu'un peuple change de gouvernement, le

(1) Etudes sur les orateurs parlementaires, par Timon, tome II, page 120.

droit précédent est obligé de céder à un fait, lequel, pour devenir un droit, doit effacer et détruire le premier, parce que l'autorité sociale ne cadre pas avec deux droits opposés.

Du reste, l'application de cette autorité à telle forme de gouvernement, plutôt qu'à telle autre, à telle personne plutôt qu'à telle autre, est mobile de sa nature, et par conséquent, ne doit former qu'un droit mobile. Ce qui me porte à croire que ce droit est naturellement assujetti à l'action sociale.

Ces abstractions métaphysiques servent à expliquer une foule de faits politiques, que l'histoire présente, et qui exercent la critique, la louange ou le blâme des diverses opinions. La mobilité du droit d'application est un argument qui résout toutes les difficultés pour le fond, quoique la forme puisse être assujettie à une critique même sévère.

Il est vrai, les circonstances, les besoins des peuples, le souvenir de services rendus commandent ordinairement cette fixité dans l'application. Mais c'est une maxime politique, et non un droit. L'autorité sociale lui est en quelque sorte étrangère, quoiqu'elle en soit l'objet. Car elle n'a point été créée pour une personne plutôt que pour une autre; elle n'a été accordée à la société que pour le maintien des intérêts sociaux, et la fixité d'application n'est pas une conséquence essentielle de ce but primitif.

Néanmoins je ne conclus pas de là que les peuples aient le droit de déposséder leurs rois. Il n'entre pas dans ma pensée de dire avec Rousseau : « Quand il arrive que le peuple institue un gou- « vernement héréditaire, soit monarchique dans « une famille, soit aristocratique dans un ordre « de citoyens, ce n'est point un engagement qu'il « prend, c'est une forme provisionnelle qu'il donne « à l'administration, jusqu'à ce qu'il lui plaise « d'en ordonner autrement. Il est vrai que ces « changements sont toujours dangereux, et qu'il « ne faut jamais toucher au gouvernement établi, « que lorsqu'il devient incompatible avec le bien « public. Mais cette circonspection est une maxime « politique et non pas une règle de droit (1). »

Le droit d'application, quelque mobile qu'il soit de sa nature, ne suppose pas que les peuples fassent acte d'autorité, quand ils y ont recours. L'autorité est un être de raison, qui n'entre point dans le domaine des peuples, comme je l'ai déjà fait observer. Or, il est impossible de déposséder les rois, sans faire acte d'autorité. Donc, si du droit d'application découlait le droit de déposséder les rois, la conséquence serait plus forte que les prémisses.

Les peuples qui font des révolutions, et changent leurs formes gouvernementales, blessent presque toujours l'autorité sociale ; leur fait trop violent n'est réparé que par elle, qui seule forme le droit gouvernemental. Or, dans les secousses de ce

(1) Contrat social, livre III, chapitre XVIII, pages 145 et 146.

genre, cette formation de ce nouveau droit de gouvernement ne se fait pas comme une simple transition; elle s'opère par la série d'une foule d'événements, qui enchaînent le premier droit, et finissent par l'anéantir, quand son retour ne peut avoir lieu que par des déchirements qui mettraient en péril les intérêts sociaux.

En parlant ainsi, je ne veux pas préconiser les révolutions, je serais tenté de les blâmer, plutôt que de les louer. Mais enfin, elles ont eu lieu; leur fait est accompli; les formes anciennes ne peuvent plus se rétablir; il faut donc un point d'arrêt. Si l'autorité sociale les répudiait absolument, il y aurait un désordre nécessaire. Cependant, comme dit Bossuet, « Dieu est un Dieu de paix, et il veut « la tranquillité des choses humaines (1). »

Je devrais terminer là ce chapitre; mais il faut dire un mot d'une assertion du philosophe politique, qui a rapport à ce sujet, la voici: « Tous « les gouvernements du monde une fois revêtus de « la force publique usurpent tôt ou tard l'autorité « souveraine (2). » Il est faux de dire que le concours de la force publique amène l'usurpation; elle participe à l'application de l'autorité; elle est même, si l'on veut, l'expression de l'action sociale; elle ne rend donc pas illégitime la possession de l'autorité. Le chef social qui en est revêtu, maintient son droit; il peut empêcher les assem-

(1) Politique de Bossuet, livre II, Conclusion, page 76.

(2) Contrat social, livre III, chapitre XVIII, page 147.

blées illicites ; cela entre même dans ses attributions. Mais peut-on conclure de là qu'il usurpe l'autorité souveraine ?

Je le conçois, Rousseau n'en vient là que parce qu'il soutient que le souverain et le gouvernement sont deux choses différentes. Mais il ne fait que se fourvoyer. « Le gouvernement, dit-il, est un corps « intermédiaire établi entre les sujets et le sou- « verain (on sait qu'il prétend que le corps politique ou le souverain ne tire son être que de la sainteté du contrat social.), « pour leur mutuelle « correspondance, chargé de l'exécution des lois, « et du maintien de la liberté tant civile que poli- « tique (1). » En émettant un pareil principe, le philosophe politique ne fait qu'amener une lutte continuelle entre le souverain et le gouvernement. Qui souffrirait de cette lutte ? Le bien public. Le souverain ou le peuple veut maintenir son droit ; le gouvernement, revêtu de la force, en fait usage pour empêcher l'action populaire. Voilà donc la défiance mise en permanence, et le prétendu souverain est toujours écrasé au nom du gouvernement. Le maintien du bien public est le prétexte de cette lutte, et dans le fond, lui seul en serait la victime. Je le demande, la doctrine touchant l'autorité sociale, que j'ai émise, offre-t-elle ces inconvénients ? J'abandonne la réponse au logicien impartial.

(1) Contrat social, livre III, chapitre 1er, page 79.

CHAPITRE VI.

Pour être dans sa perfection, l'exercice de l'autorité sociale a besoin de la puissance législative.

Le pouvoir de faire des lois est inhérent à l'autorité sociale, soit que je la considère en elle-même, soit que je l'envisage dans son application. Comme nous l'avons vu, elle est une émanation de l'autorité divine. Or Dieu n'est-il pas essentiellement législateur? Que la puissance législative soit une fonction particulière et supérieure, qui n'a rien de commun avec l'empire humain, je l'avoue. Mais d'où cela vient-il? De l'idée même de l'autorité qui repose en Dieu, et qu'il fait rejaillir sur la société pour son repos et sa sûreté.

Je ne conçois pas quels sont les motifs qui ont engagé Jean-Jacques Rousseau à avancer l'assertion suivante : « On trouve à la fois dans l'ouvrage de « la législation deux choses qui semblent incompa- « tibles, une entreprise au-dessus de la force hu- « maine, et pour l'exécuter, une autorité qui n'est « rien (1). » Admettons que l'autorité sociale soit essentiellement législative, nous obtiendrons deux choses qui s'allient très-bien : savoir une entre-

(1) Contrat social, livre II, chapitre VII, page 58.

prise dirigée par la divine Providence, et pour la mettre à exécution, une autorité venant de Dieu.

Je sais que cette idée n'est pas du goût du citoyen de Genève : car il prétend qu'il n'est pas avantageux de réunir sur les mêmes têtes l'autorité législative et le pouvoir souverain. Selon lui, la législation « n'est point une magistrature, ce « n'est point une souveraineté. Cet emploi qui « constitue la république, n'entre point dans sa « constitution ; c'est une fonction particulière et « supérieure, qui n'a rien de commun avec l'empire humain ; car si celui qui commande aux « hommes ne doit pas commander aux lois, celui « qui commande aux lois ne doit pas non plus « commander aux hommes ; autrement ces lois, ministres de ses passions, ne feraient souvent que « perpétuer ses injustices, et jamais il ne pourrait éviter que des vues particulières n'altérassent la sainteté de son ouvrage (1). » Je trouve moins bizarres les paroles suivantes de Montesquieu : « Dans la naissance des sociétés, ce sont « les chefs des républiques qui font l'institution, « et c'est ensuite l'institution qui forme les chefs « des républiques. (2). ». Ainsi considérée comme législative, l'autorité sociale est le mécanicien qui invente la machine ; considérée comme prince, elle est l'ouvrier qui la monte et la fait marcher. Il y a donc entre l'autorité sociale et la législation une

(1) Contrat social, livre II, chapitre VII, page 56.
(2) Grandeur et décadence des Romains, chapitre Ier.

réciprocité, qui convient au tout défini, et qui est elle-même le tout défini. L'autorité fait la législation, et elle naît d'elle, comme le père, qui naît de la paternité, la produit à son tour. Elle ne peut rien sans le concours de la société, quand il est question de faire des lois, et à son tour la société ne peut rien sans elle.

Qui ne sait que le peuple ne doit pas être étranger à la législation, qui est destinée à le régir ? Nous en voyons un exemple frappant dans l'histoire du peuple de Dieu. Toutes les lois que le Seigneur lui donne, lui sont présentées par Moïse. Ce fait nous offre deux types frappants : Moïse est installé chef du peuple juif, et reçoit la puissance législative, voilà le type de l'autorité sociale. Le peuple est assemblé pour recevoir la loi : « Dieu « assemble son peuple, leur fait à tous proposer « la loi, par laquelle il établissait le droit sacré « et profane, public et particulier de la nation, et « il les en fait tous convenir en sa présence (1). » Voilà le type frappant de la société recevant en dépôt l'autorité sociale, qui doit participer au droit qu'a le Seigneur de faire des lois, et investir du privilége de l'acceptation. Ce privilége n'est autre chose que le droit de contrôle ou d'observation que le peuple possède, quoiqu'il ne puisse pas être législateur.

Qu'avons-nous à démêler avec le peuple juif, pourra-t-on me dire ? n'est-ce pas une nation à

(1) Politique de Bossuet, livre 1er, VIe proposition, page 31.

part, qui avait Dieu pour roi temporel? Je le veux. Je porte donc ailleurs mes investigations. Les célèbres législateurs de l'antiquité, les Minos, les Numa, les Lycurgue, les Zoroastre, les Confucius, agirent-ils en leur nom, quand ils dictèrent à leurs peuples respectifs ces lois qui excitent encore aujourd'hui l'admiration? Furent-ils complétement étrangers à l'autorité sociale? Lycurgue, il est vrai, déposa l'autorité royale, pour donner ses lois au peuple de Sparte; mais il agit plutôt pour la forme que pour le fond; il ne voulut point offusquer ce peuple fier; mais dans la réalité, il ne fut législateur, que parce qu'il avait reçu l'application de l'autorité sociale, qui seule pouvait lui donner la mission de dicter des lois à ses concitoyens. Je pourrais pousser plus loin mes recherches sur ce point, mais je ne veux pas faire un traité sur le pouvoir législatif, sur lequel des plumes plus exercées que la mienne, ont écrit habilement.

Néanmoins, je dois m'occuper un instant d'une définition de la loi que donne le contrat social de Rousseau, la voici : « Quand tout le peuple statue « sur tout le peuple, il ne considère que lui« même; et s'il se forme alors un rapport, c'est « de l'objet entier sous un point de vue, à l'objet « entier sous un autre point de vue sans aucune « division. Alors la matière sur laquelle on statue « est générale, comme la volonté qui statue. C'est « ce que j'appelle loi (1). » Dans l'hypothèse du

(1) Contrat Social, livre II, chapitre VI page 51.

philosophe politique, c'est le même qui agit sur lui-même ; c'est le même qui règle, et qui suit tout à la fois ; le même en un mot qui commande et qui obéit à lui-même. Opération hardie, qui ne convient qu'à la Divinité !

Il se trouve, il est vrai, une différence de rapport, mais elle n'est que dans un point de vue imaginaire, qui ne saurait changer le fond de la question. Pour obtenir une loi sociale ou proprement dite, il veut la totalité des volontés ; car une seule soustraction empêcherait que le tout ne statue sur le tout. Or, dans ce cas, la loi devient impossible, et l'exercice de la puissance législative n'est plus qu'une chimère, car la réunion et l'ensemble des volontés n'ont jamais lieu dans la société. Il suffit de consulter l'expérience et l'histoire de tous les siècles. Rousseau ne veut pas qu'on attache des idées métaphysiques à la définition de la loi : Dieu sait comme il est métaphysique lui-même, quand il l'aborde.

En effet, quelque sage que soit une loi, elle gêne toujours la liberté, et il y a dans toutes les sociétés des citoyens qui poussent cet amour de la liberté, jusques au point de n'admettre aucun frein. Ou ces citoyens sont en dehors de la société, ou ils ne le sont pas. Dans la première supposition, il faudrait admettre deux classes d'hommes. Dans la seconde supposition, il n'y a plus moyen de statuer sur le tout par le tout, avec cette soustraction.

Mais en recourant à l'autorité sociale, et en reconnaissant en elle la puissance législative, nous n'avons plus besoin de l'idée imaginaire d'un tout impossible, pour avoir la loi. Elle résout toutes les difficultés, et rend toutes les lois sociales simples et naturelles. Quoique prise en dehors de la société, elle existe toujours dans elle; elle agit sur le tout qui la renferme, mais elle est comme un contenu qui ne participe pas à la nature du contenant. Elle dicte des lois au peuple, parce qu'elle n'est pas peuple : elle règle les intérêts du peuple, en vertu d'un mandat supérieur : elle n'est donc pas juge dans sa propre cause. Elle semble agir comme le peuple, parce qu'elle est née pour lui, et cependant elle n'agit point au nom du peuple. En un mot, elle est l'image vivante de la divinité, qui se revêt en quelque sorte par elle de la forme sociale, pour dicter des lois à la société. Elle est comme la nature, qui semble tout faire par elle-même, et qui néanmoins fait tout par l'ordre de la divinité.

On pourra me reprocher d'entrer dans des idées métaphysiques : j'accepte le reproche ; mais cette métaphysique est bien moins inintelligible que celle du philosophe genevois, parce qu'elle présente un principe évident qui est Dieu agissant par l'autorité sociale. Dès-lors, la loi peut atteindre le foyer sacré de ma conscience, et ce n'est plus la volonté générale qui me prescrit cette soumission, mais la divinité. Il n'est plus nécesaire d'avoir égard aux soustractions, pour se fixer dans l'idée véritable de la loi : l'acceptation du plus grand nombre présidée par l'autorité suffit. Qui ne sait qu'en matière sociale, Dieu s'exprime par la majorité?

Du reste, je conviens que la volonté générale peut produire un accord qui, pour l'ordinaire n'a que la moralité de l'amour propre, et qui cependant peut aller jusques à la sainteté du contrat. Mais ce contrat doit être naturellement assujetti aux trois lois, naturelle, divine et civile qui régissent toutes les sociétés. Ainsi, dans l'établissement de ses lois fondamentales, le peuple suit une impulsion qui ne lui est pas propre. Il a le droit de se lier par la force du contrat ; mais pour aller jusques à la conscience, il a besoin de l'impulsion divine qui se manifeste par l'autorité. Il est vrai ; il agit pour lui-même, puisque son intérêt est dans cet accord ; il agit sur lui-même, puisqu'il se lie par la sainteté de l'accord, mais il n'agit pas en vertu de lui-même, parce que, envisagé même collectivement, il n'est qu'un être subalterne. Donc cet accord ne devient loi que par la sanction de l'autorité sociale.

Le législateur est essentiellement un personnage public. Qui lui donne ce caractère imposant? sont-ce ses talents? sont-ce ses vertus? non, mille fois non. Avant de devenir législateur, il faut qu'il en ait imposé à la société par le prestige de la puissance. Que dis-je? Il faut que son génie fasse alliance avec l'autorité, pour établir sa mission. Sa grande âme n'est pas le seul miracle qui la prouve ; il faut que l'autorité sociale le revête de son manteau sacré.

CHAPITRE VII.

La puissance législative qui est du ressort de l'autorité, peut s'exercer collectivement.

Je ne veux pas aborder ici la fameuse question des gouvernements représentatifs, quoique l'intitulé de ce chapitre semble l'indiquer. Je sais que cet ordre de choses excite le blâme ou l'admiration de nos hommes politiques : je sais également qu'ils offrent leurs abus, tout comme aussi ils ont leurs avantages réels. Je ne dois pas examiner si les avantages l'emportent sur les inconvénients. Je vais examiner la question sous un point de vue purement philosophique.

Je commence par résoudre une difficulté qui se présente naturellement. Si la souveraineté est indivisible, comment peut-il se faire que la puissance législative, qui en dépend, s'exerce collectivement? Un tel exercice est impossible, parce que alors la souverainté serait divisée.

J'en conviens, il n'y a de véritable souveraineté que celle qui réside en Dieu; et je conçois qu'elle est indivisible. Mais la souveraineté sociale, qui en dérive, est-elle aussi indivisible? Elle est une, si on l'envisage dans sa nature, mais elle est divisible quant au sujet qui la reçoit. Cette divisibilité d'application fait qu'elle n'est pas née pour être accordée exclusivement à un seul, et que plusieurs peuvent la posséder collectivement ; c'est ce qui amène la législation collective. Il est vrai, cette possession collective ne détruit point l'unité de l'autorité sociale; mais elle lui fait subir une espèce de division de rapports. J'en trouve une image frappante dans l'âme de l'homme, qui se divise en plusieurs facultés, sans cesser d'être une. Car elle agit tout aussi bien par la mémoire, que par la volonté et l'entendement. Ainsi le corps législatif n'est autre chose que l'autorité agissant par plusieurs, pour dicter des lois au corps social.

« Nos politiques, dit Rousseau, ne pouvant « diviser la souveraineté dans son principe, la di- « visent dans son objet, ils la divisent en force et « en volonté, en puissance législative et en puis- « sance exécutive. Ainsi ils font du souverain « un être fantastique et formé de pièces rap- « portées (1). »

Il y a évidemment erreur dans ces paroles du philosophe politique ; car le souverain ou le sujet qui reçoit l'autorité n'est point un être fantastique ; il ne l'est pas plus envisagé comme plusieurs, que considéré comme un. Cette division de rapports ne produit pas l'effet des pièces rapportées, mais elle suppose que la puissance législative est un être moral agissant tout aussi bien par plusieurs, que par un seul. Cet être moral se met toujours en rapport

(1) Contrat social, livre II, chapitre II, pages 35.

avec les divers objets qui sont de son domaine, et dans son unité de raison, il ne rejette pas la multiplicité des sujets qui peuvent le recevoir.

Pour prouver cette vérité, interrogeons les rapports mathématiques. Quand la puissance législative s'exerce par un seul, il se fait un rapport d'un à un ; de même, quand elle a lieu par plusieurs, il y a rapport de plusieurs à plusieurs. Dans les deux cas, la proportion n'est-elle pas exacte, et l'unité de la souveraineté ne se trouve-t-elle pas maintenue ?

Dans la proportion d'un à un, la chose est évidente. Je dis qu'il y également évidence dans la seconde hypothèse. Car la législation composée de plusieurs membres ne fait qu'un être collectif ; il est un par l'expression et l'ensemble des volontés, et il est multiple par la collection des personnes ; il est un comme puissance, et il est multiple par l'application ou l'exercice ; il est un comme souverain, et il est multiple par le mouvement ou l'opération.

Je trouve également dans la fraction arithmétique un modèle de la législation exercée collectivement. Trois tiers ou quatre quarts sont composés de trois ou de quatre fractions prises isolément, et néanmoins réunis, ils font un entier. Or, chaque fraction entre dans la nature de l'entier. Si on ôte une fraction, le nombre ne peut plus devenir entier ou complet. De même chaque corps législatif, qui n'est qu'une fraction, participe à la nature de la puissance législative, et ce n'est que la réunion de ces corps qui forme la puissance dans son entier. Si on retranche un corps, la puissance est arrêtée, et ne peut plus obtenir son intégrité. Dans ce cas politique ou social, comme dans le nombre arithmétique, il y a division, pour obtenir simplement une fraction, mais il y a addition des parties, pour parvenir à l'entier.

Je sais que Jean-Jacques Rousseau veut que ce ne soit pas des parties, mais simplement des émanations. « Cette erreur vient, dit-il, de ne s'être « pas fait des notions exactes de l'autorité souve- « raine, et d'avoir pris pour des parties de cette « autorité ce qui n'en était que des émana- « tions (1). » Que conclure de là ? Rien, absolument rien qui puisse altérer la vérité énoncée dans ce chapitre. Car la paternité est une émanation de la paternité ; cela n'empêche pas que plusieurs soient réellement pères, quoi qu'ils semblent diviser la paternité par l'émanation. Ainsi, plusieurs législateurs sont aussi bien revêtus de l'autorité souveraine, qu'un seul législateur.

Nos modernes croient que la législation collective est la plus fidèle expression de la souveraineté du peuple. Mais en cela ils se trompent, parce que, quoique la législation puisse être collective, la puissance législative ne peut pas s'exercer par la société toute entière. L'acte de la société, avant le choix de son chef, est plutôt un contrat ou un

(1) Contrat social, livre II, chapitre II, page 35.

pacte fondamental, qu'une loi. Car, pour un pacte, il suffit d'un consentement mutuel entre les parties contractantes; mais pour une loi, il faut un commandement qui parte d'une autorité supérieure. Dans ce cas, le pacte social tire toute sa force de la loi naturelle, qui est indépendante de l'autorité sociale, mais la loi sociale ne peut se faire que par une autorité positive. Donc, en aucunes circonstances, le peuple en masse ne peut pas être législateur; il ne peut se lier que par la sainteté du pacte, quand il n'a pas fait l'application de l'autorité sociale à un ou à plusieurs sujets. Ce pacte, produit de la volonté générale, est un accord, et non une supériorité.

En effet, qu'est-ce que la volonté générale? C'est une opération morale, qui résulte de l'ensemble des volontés individuelles. Mais cet ensemble ne produit pas plus une supériorité, que le cours ordinaire des lois physiques. C'est un individualisme généralisé, que l'on ne saurait regarder comme le mandataire de la Divinité.

Qu'est-ce que la législation? C'est une œuvre directe du chef suprême, en sorte que les chefs sociaux sont, dans toute la force du terme, les mandataires de la Divinité. Ainsi, la souveraineté est une œuvre divine, et n'a de naturel que son application. Cette application peut se faire à plusieurs : c'est ce qui m'a porté à croire que plusieurs peuvent faire la loi.

CHAPITRE VIII.

De la monarchie.

La monarchie est cet état de choses politique, où l'autorité sociale repose sur une seule tête. Cette situation sociale n'offre ni un état collectif qui représente un individu, ni un individu qui représente un être collectif; c'est tout simplement une application de l'autorité sociale à un seul individu qui se nomme roi, monarque, empereur, et qui est personne morale et naturelle tout à la fois; puisque d'une part c'est un citoyen, un membre de la société; d'une autre part, c'est l'autorité personifiée dans la proportion d'un à un, contenant dans tous ses rapports la puissance exécutive, législative et coërcitive. Selon Jean-Jacques Rousseau, « la monarchie n'est autre chose que la puissance exécutive réunie entre les mains d'une personne naturelle, d'un homme réel, qui seul ait droit d'en disposer selon les lois (1). »

Dans la monarchie, la machine sociale marche au commandement d'un seul; tout répond au même mobile, tout marche au même but. La volonté du peuple se confond avec celle du prince, et les mou-

(1) Contrat social, livre III, chap. VI, page 101.

vements opposés, qui pourraient s'entredétruire, sont paralysés par l'action unique de l'autorité d'un seul; en un mot, c'est l'ensemble d'une famille obéissant à son chef. Rousseau caractérise très-bien la monarchie par la comparaison suivante : « Ar- « chimède, assis tranquillement sur le rivage, et « tirant sans peine à flot un grand vaisseau, me re- « présente un monarque habile, gouvernant de son « cabinet ses vastes états, et faisant tout mouvoir « en paraissant immobile (1). »

Ainsi, dans la monarchie la vigueur de l'autorité sociale se fait sentir dans toute sa force; et quoique ce soit la volonté particulière du monarque qui ait plus d'empire et domine plus aisément les autres, tout semble suivre un entraînement général, et tout se résume dans l'action d'un seul. C'est ce qui fait que cet état de choses social est le plus opposé à la division, « qui, suivant « la remarque de Bossuet, est le mal le plus « essentiel des états, et la cause la plus cer- « taine de leur ruine (2). Donc il n'est vrai de dire que le but de la monarchie n'est pas celui de la félicité publique, et que la force de l'administration tourne sans cesse au préjudice de l'état. Rousseau le pense, et je ne suis pas de son avis. Car, lors même que les rois ou monarques nourriraient en eux le désir d'être absolus, ils ne sont pas assez

(1) Contrat social, livre III, chapitre VI, page 101.

(2) Politique de Bossuet, livre II, article 1er, VIIIe proposition, page 65.

insensés pour lutter contre le bonheur de leurs peuples ; un instinct fort naturel, fort raisonnable les portera plutôt à s'en faire aimer ; et il n'est pas vrai de dire qu'une aussi belle maxime, qu'une morale aussi pure soit toujours un objet de raillerie dans les cours monarchiques.

Il est difficile de trouver ailleurs que dans la monarchie une plus belle image de l'empire de la Divinité. En effet, si Dieu gouverne seul le monde, c'est qu'il est essentiellement un. De même, dans la monarchie, le chef social est un, et il régit comme un, ses états. Aussi l'autorité sociale brille-t-elle de tout son éclat, parce qu'elle est moins divisée, et parce qu'elle présente ses qualités serrées et concentrées dans une seule personne.

La monarchie est aussi ancienne que le monde : elle a son origine dans la Divinité même, et Dieu l'a exercée visiblement sur les hommes dès le commencement de toute société. C'est une paternité morale qui a succédé immédiatement à la paternité naturelle. Il faut donc juger de la monarchie d'après la famille, qui nous offre l'image de l'autorité d'un seul dans la personne du père.

Or, la paternité est tout aussi bien le nerf des petites que des grandes familles. Donc, Jean-Jacques Rousseau n'est pas fort logique, quand il croit trouver par les rapports généraux, que la monarchie n'est convenable qu'aux grands états. Le rapport du prince aux sujets, et des sujets au prince, est le même dans tous les états ; le nombre plus ou moins grand n'en change pas la nature ; il peut donner la quantité, mais la qualité est toujours la même ; or, c'est plutôt par la qualité que par la quantité qu'il faut juger de la convenance. Ce qui est convenable dans l'ordre naturel, l'est également dans l'ordre social. Un père n'a que deux enfants ; en lui se trouvent tout aussi bien les rapports paternels vis-à-vis des enfants, que dans celui qui en a dix et même davantage.

Minos, roi de Crète, possédait de petits états. Quand Numa dicta ses sages lois, l'empire romain était loin d'avoir toute sa grandeur ; qui osera dire que cet état de choses ne convenait pas à ces peuples ?

Quoiqu'il en soit, la monarchie sera toujours l'état social le plus approchant de la nature ; et sans me creuser l'imagination pour calculer la grandeur mathématique qu'il doit avoir, je le crois susceptible d'un accroissement plus ou moins grand. Je ne cherche pas son point d'appui dans les richesses, dans la fertilité du sol, dans la chaleur du climat : je me contente de dire qu'il convient à tous les pays, et qu'il peut faire leur bonheur aussi bien que l'oligarchie, l'aristocratie et la démocratie. « Tout le monde, dit Bossuet, a commencé « par des monarchies, et presque tout le monde « s'y est conservé comme dans l'état le plus na- « turel (1).

(1) Politique de Bossuet, livre II, article Ier, VIIIe proposition, page 65.

CHAPITRE IX.

De l'aristocratie.

Pour se former une idée de l'aristocratie, Jean-Jacques Rousseau, dans son Contrat social, suppose deux personnes morales bien distinctes, savoir le gouvernement et le souverain, et par conséquent deux volontés générales, dont l'une est celle qui a rapport à tous les citoyens, et l'autre est celle qui est pour les membres de l'administration. En sorte que selon lui, l'aristocratie semblerait se confondre avec le gouvernement. « Les premières sociétés, dit-« il, se gouvernèrent aristocratiquement; les chefs « de familles délibéraient entre eux des affaires pu-« bliques; les jeunes gens cédaient sans peine à « l'autorité de l'expérience. De là les noms de « *prêtres*, d'*anciens*, de *sénat*, de *gérontes* (1). »

Cette idée du philosophe politique renferme quelque justesse, soit par rapport à elle-même, soit par rapport aux principes qu'il a émis dans les chapitres précédents. Elle me paraît assez conforme aux réflexions suivantes d'un historien connu : « Les « lois que la vigilance paternelle établissait dans « le petit sénat domestique (la famille), étant dic-

(1) Contrat social, livre III, chapitre V, page 97.

« tées par le seul motif de l'utilité publique, con-
« certées avec les enfants les plus âgés, acceptées
« par les inférieurs avec un plein et libre consente-
« ment, étaient gardées avec religion, et se con-
« servaient dans les familles comme une police hé-
« réditaire, qui en faisait la paix et la sécurité (2). »
Ainsi la première origine de l'aristocratie se trouve dans la famille; elle fut naturelle, et on peut l'envisager comme le conseil des membres domestiques les plus anciens. Le père était roi dans sa famille, et les enfants les plus anciens formaient l'aristocratie.

Plus tard, lorsque les familles réunies formèrent une société civile, il y eut un chef suprême, et les chefs de chaque famille durent être naturellement ses conseillers. Dans cet état de choses, l'aristocratie fut naturelle, et se transmit aux divers chefs de famille succédant aux premiers.

A cette aristocratie naturelle réservée exclusivement à tous les chefs de famille succéda bientôt une seconde espèce d'aristocratie que je nomme élective. Car les sociétés civiles, devenues très nombreuses offrirent bientôt un nombre trop considérable de conseillers dans chaque chef de famille : donc il fallut nécessairement faire un choix. On comprit qu'il était inutile de multiplier en vain les ressorts, et de faire avec vingt mille hommes ce que cent hommes choisis pouvaient faire encore mieux. C'est

(1) Histoire ancienne de Rollin, tome 1er, page 19, édition in-12, avant-propos.

la pensée de Rousseau (1). Dans le principe, ce choix fut naïf, et le mérite seul en décida.

Ainsi l'inégalité d'institution l'emportant bientôt sur l'inégalité naturelle, qui fut la source de la première aristocratie, la richesse ou la puissance fut préférée à l'âge, et dès-lors l'aristocratie devint élective. C'est encore la pensée de Rousseau, et cette idée n'est point invraisemblable. Car le mot *optimates*, chez les anciens, ne veut pas toujours dire les meilleurs : il signifie aussi les plus puissants. Ce qui justifie l'opinion de nos modernes qui considèrent l'aristocratie comme un état politique, où le pouvoir souverain est exercé par les personnes considérables. Néanmoins ce n'est pas dans la préférence accordée à la richesse ou la puissance que je trouve la vraie origine de l'aristocratie élective. Elle fut rigoureusement amenée par le trop grand nombre de conseillers qu'offrait l'inégalité naturelle ; et le mérite, la science, la vertu, l'amour du bien public durent commander un choix.

Mais, comme c'est le propre des institutions humaines d'être sujettes à l'erreur, cette élection produite par le mérite, fut bientôt viciée par la cabale, les richesses, la puissance et l'ambition. Ces causes malheureuses entravèrent insensiblement la liberté du choix, et amenèrent dans le corps social une aristocratie qui devint bientôt héréditaire : elle ne rentra plus dans le domaine de la famille comme institution naturelle ; mais elle vint avec une nou-

(1) Contrat social, livre III, chapitre V, pages 97.

velle forme, une plus grande extension, armée et investie du privilége, qui avait eu pour cause première l'élection. Voilà la source de l'aristocratie héréditaire qui se découvre aisément dans l'histoire des divers peuples lue attentivement. Jean-Jacques Rousseau traite cette troisième espèce d'aristocratie avec une rigueur que je ne partage pas.

Quoiqu'il en soit, les chefs de famille qui furent honorés du titre de conseillers du chef suprême, travaillèrent à conserver ce titre honorifique dans leur famille : les uns n'eurent pour mobile que le bien public et une honnête émulation, les autres donnèrent plus à l'ambition, à la puissance, aux richesses, et les bonnes qualités ne furent plus considérées que comme des causes secondaires.

Le philosophe politique prétend que « l'aristo« cratie héréditaire est le pire de tous les gouver« nements ; que l'aristocratie élective est le meil« leur ; c'est l'aristocratie proprement dite (1). » Je ne veux pas entrer dans l'examen de cette question qui est au-dessus de ma portée. Je conviens que les premiers essais de l'aristocratie élective ont pu paraître enchanteurs ; mais aux yeux du philosophe sensé, ses conséquences ordinairement mêlées avec l'ambition, l'intrigue, ont dû présenter ce mode comme peu durable, parce que ce n'est pas l'avantage de la société de mettre en jeu tant de ressorts disparates. L'élection, il est vrai,

(1) Contrat social, livre III, chapitre V, page 98.

est un champ ouvert au plus grand nombre ; au premier abord il semble qu'elle ne doit pas s'allier avec le privilége. Cela n'empêche pas que le plus grand nombre ne soit ordinairement rejeté. De là cette foule de mécontents dans les diverses classes sociales ; désordre plus grand qu'on ne le pense communément ; inconvénient qui introduit plus de désunion que de paix dans la société.

Il est clair que ces abus sont bannis de l'aristocratie naturelle, puisque la paternité est un privilége sacré accordé par la nature. Or, l'aristocratie héréditaire se rapproche plus de la famille que l'aristocratie élective : donc elle a moins d'inconvénients. Pour être introduit dans cette hiérarchie sociale, on ne compte pas sur l'élection, mais sur la naissance. Les masses populaires ne sont pas mises en mouvement : il est nécessaire ou d'appartenir à une famille héréditaire, ou de faire preuve de vertus solides, extraordinaires, qui fassent impression sur la société. Dans le premier cas, la cabale n'est plus à craindre, puisqu'elle a déjà fait son jeu : on peut rencontrer des descendants quelquefois dégénérés, mais du moins ils offrent un type de vertu. L'aristocrate électif vient sans type, et est obligé de le fournir lui même. Dans le second cas, on est obligé d'avoir recours à une exception. Les talents, la vertu, le mérite la commandent ; mais l'hérédité sanctionne ce type, et le présente comme un modèle aux descendants.

Du reste, je laisse aux politiques le soin de se

débattre sur ces questions. Quoiqu'il en soit, il existera toujours dans la société un privilége quelconque, parce qu'il n'est point opposé aux bases sociales. Or, ce privilége doit-il résulter de la naissance ou de l'élection? L'histoire des temps écoulés paraît favorable à l'hérédité. Nos temps modernes voudraient s'en écarter; mais ils roulent autour d'un cercle vicieux, et ils reviennent forcément à ce principe antique, malgré leur aversion. Dans le fond, ils ne font que changer d'expression. Car peu importe au philosophe que ce soit une aristocratie nobiliaire ou une aristocratie bourgeoise. Insister sérieusement sur cette distinction, ce serait jouer sur les mots : car dans le principe, le noble ne fut qu'un bourgeois ennobli, ayant reçu le privilége de léguer ce titre à ses descendants.

Quoique j'incline vers l'aristocratie héréditaire, il ne s'ensuit pas de là que je veuille la restreindre aux seules bases de la naissance primitivement établies. Je crois que les besoins de la société demandent qu'elle s'étende plus loin, et que de temps en temps le choix du prince et même du peuple agrandisse ce domaine aristocratique, pour établir une noble émulation, et récompenser les services rendus par les diverses classes.

Il est aisé de voir que je n'ai considéré l'aristocratie que comme distinction sociale, et non comme forme gouvernementale. Sous ce dernier point de vue, le citoyen de Genève semble la confondre avec la magistrature : « Dans le gouverne-

« ment populaire, dit-il, tous les citoyens nais- « sent magistrats. Le gouvernement aristocratique « les borne à un petit nombre (1). »

Je conviens que l'aristocratie gouverne, quand elle est pure. Alors les personnes considérables exercent elles-mêmes la magistrature, ou nomment ceux qui doivent en faire les fonctions. Si l'aristocratie est mixte, elle ne fait qu'aider le souverain dans le gouvernement social ou comme magistrature, ou comme simple conseillère. Dans le premier cas, elle représente toujours le souverain ; elle est son délégué ; elle n'agit point en son nom propre ; sa personne morale se résume toute entière dans le souverain. Dans le second cas, elle est en quelque sorte prise en dehors du souverain, elle le seconde, mais elle ne le représente pas ; elle lui offre des sujets pour la magistrature, mais alors elle se revêt d'un autre aspect social ; en un mot, sa personne morale se résume en elle-même.

Dans la famille, le magistrat et l'aristocrate se confondirent assurément, puisque l'un et l'autre tirait son titre de la paternité. Car le premier père était roi de cette société domestique, et les enfants les plus anciens, qui eux-mêmes étaient pères, exerçaient les nobles fonctions de magistrats et d'aristocrates ; mais dans la société civile, le privilége est positif, facultatif et non naturel. Il est toujours pour l'aristocrate, et jamais pour le magistrat. Le roturier siége comme magistrat à côté de l'aristo-

(1) Contrat social, livre III, chapitre V, p. 98.

crate ; il perd son nom par le privilége , mais la magistrature le laisse toujours lui-même.

Dans une société nationale, rien n'est plus imposant qu'une aristocratie sagement constituée, qu'un privilége accordé avec une prudente économie. « Les assemblées se font plus commodément, les « affaires se discutent mieux, s'expédient avec plus « d'ordre et de diligence; le crédit de l'état est « mieux soutenu chez l'étranger par de véritables « sénateurs que par une multitude inconnue ou mé- « prisée. En un mot, c'est l'ordre le meilleur et le « plus naturel que les plus sages gouvernent la « multitude (1). » Si le chef suprême est un monarque, cette réunion de personnes considérables par leurs vertus, leur naissance, leurs talents, leur amour pour le bien public, lui présente des conseillers qui l'aident à régir tant d'intérêts variés.

CHAPITRE X.

De la démocratie.

La démocratie est cet état de choses politique, où l'on n'a égard ni au rang, ni à la naissance, ni aux richesses, mais à l'idée seule de citoyen, dans lequel on reconnaît le droit de gouverner en vertu de ce titre, pourvu que le mérite gouvernemen-

(1) Contrat social, liv. III, chapitre V, pages 98 et 99.

tal s'y trouve. C'est ce qui a fait dire à l'auteur de l'Esprit des lois, « que la vertu doit être donnée « pour principe à la république (1). »

Envisagée sous ce point de vue, la démocratie a dû faire palpiter bien des cœurs généreux. En la considérant en elle-même ou dans la spéculation, je serais tenté de croire que c'est peut-être la plus belle théorie gouvernementale. « S'il y avait un « peuple de Dieux, dit Rousseau, il se gouverne- « rait démocratiquement (2). » Mais malheureusement, quand elle a été mise en jeu, son essai n'a pas toujours correspondu à la beauté de son titre. Aussi le citoyen de Genève convient-il qu'un « gouvernement si parfait ne convient pas à des « hommes (3). »

Quoiqu'il en soit, pour aborder plus logiquement cette grave question, que l'expérience des âges précédents ne me paraît pas avoir suffisamment résolue, je vais distinguer trois sortes de démocraties, savoir : la démocratie pure ou proprement dite, la démocratie mixte ou tempérée et la démocratie populaire ou poussée à l'excès. Ces trois points de vue feront comprendre ce qu'il y a de bon, de louable, de digne de blâme dans cette forme politique ou gouvernementale.

La démocratie pure ne convient qu'à la forme républicaine. Cet état social ou politique, aux yeux

(1) Montesquieu, Esprit des lois, livre III, chapitre III.

(2) Contrat social, livre III, chapitre IV, page 96.

(3) *Idem*, Livre *idem*, page *idem*.

de qui a lu l'histoire des peuples sans prévention, sans attachement à une opinion quelconque, peut presque marcher de pair avec la monarchie. C'est une paternité générale qui, comme la monarchie, a sa base dans l'élection, et pour motif premier la vertu ou le mérite. Ceux qui croient que cette forme sociale est ennemie de la royauté se trompent; c'est à mes yeux une royauté appliquée successivement à tous les citoyens qui ont du mérite; sans en avoir le prestige, elle en posséde réellement le pouvoir.

Cette forme gouvernementale s'est montrée avec un bonheur inconcevable dans les brillantes républiques de la Grèce, de Rome et de Carthage, et même dans la plupart de nos républiques modernes. Néanmoins, dans ces diverses sociétés nationales, la démocratie n'a jamais été pure à la rigueur; quoiqu'elle ait paru n'exclure aucun citoyen, elle n'a pas laissé de se montrer armée du privilége et d'une certaine distinction de classes sociales, formant une sorte d'aristocratie et d'oligarchie. Aussi, dit Jean-Jacques Rousseau, « à « prendre le terme dans la rigueur de l'acception, « il n'a jamais existé de véritable démocratie, et il « n'en existera jamais (1). »

La seconde espèce de démocratie que j'appelle mixte ou tempérée est convenable à la forme constitutionnelle. Elle se compose de la royauté avec des attributions fort circonscrites; du privilége

(1) Contrat social, livre III, chapitre IV, page 94.

armé des électeurs, et d'une oligarchie formant le cens électoral, le tout pour représenter le peuple ; d'une espèce d'aristocratie portant le titre de pairie héréditaire ou à vie, pour servir de moyen-terme entre la royauté et le peuple. Nos politiques modernes croient que ces trois points de vue, qui forment les éléments de la démocratie mixte, s'adaptent fort bien aux besoins de la société. Je ne veux pas aborder cette question qui, d'ailleurs, ne se trancherait pas dans les limites d'un chapitre.

Dans cette division sociale, il me paraît difficile de rencontrer une homogénéité parfaite, parce que les trois classes sociales qui la composent tendent trop à être exclusives. Qui ne sait que la royauté trop circonscrite cherchera toujours à se débarrasser de ses liens ? La tentation est fort délicate, surtout quand on pense que la force administrative ou la puissance lui sourit ordinairement. De son côté, le privilége électif veut faire sentir sa prépondérance à raison de son nombre ; en se rapprochant des masses qu'il croit représenter, très-souvent il les séduit. L'aristocratie reléguée dans une sorte de moyen terme fait semblant de se livrer à une espèce de force d'inertie, mais dans le fond elle contracte une alliance secrète avec la royauté, et par là jette dans les bassins de la balance sociale un grain invisible qui presque toujours contrarie l'équilibre exact que demande ce mode quasi démocratique.

Du reste, cet ordre de choses social, qui est en

quelque façon bâtard, produit une espèce de surveillance mutuelle, qui a son utilité, et convient surtout aux améliorations matérielles, qui éblouissent les masses; mais la confiance morale ne marche pas toujours dans la même progression. Il ne faut pas conclure de là que la surveillance mutuelle qui surgit de cette démocratie tempérée n'est pas un acte moral. Il y a dans son fond même une moralité imposante; elle forme le plus beau côté de nos gouvernements constitutionnels; seule elle pourrait tenir en équilibre les éléments sociaux, si elle se trouvait toujours consciencieuse. Mais en laissant un champ libre et trop ouvert à la prévention, elle étouffe presque toujours le cri du bien public, elle n'unit pas assez entre elles les diverses branches administratives; elle immole trop de victimes sur les autels de la force et de l'égoïsme; la corruption en forme le nœud principal, et l'argent le premier instrument.

La démocratie tempérée est, de sa nature, l'école la plus sûre de la vraie liberté qui, plus restreinte que dans la démocratie pure, est moins exposée à devenir licence, comme elle l'est toujours dans la démagogie. Cet aspect présente cette forme politique comme précieuse pour la société, quand elle est religieusement observée. Sous ce rapport, elle paraîtrait l'emporter sur la monarchie pure; mais sous le rapport du repos public, elle est plus sujette aux révolutions, parce qu'elle se trouve placée entre deux écueils dangereux, et parce qu'elle ne peut se soutenir que par un sorte de juste milieu, qui ne lui permet pas le développement logique des autres modes gouvernementaux.

La troisième espèce de démocratie, que je nomme populaire, ne sera jamais une forme gouvernementale, et ne trouvera sa sanction, ni dans la saine logique, ni dans les vrais traditions sociales : elle ne convient qu'au gouvernement des masses, et par là même à l'anarchie. La licence est son cri de ralliement, et la violence sa conséquence. « Il est « contre l'ordre naturel que le grand nombre gou- « verne et que le petit soit gouverné. On ne peut « imaginer que le peuple reste incessamment as- « semblé pour vaquer aux affaires publiques, et « l'on voit aisément qu'il ne saurait établir pour « cela des commissions, sans que la forme de l'ad- « ministration change (1). »

Il est vrai, les anciens reconnaissaient le peuple pour juger dans les causes sur lesquelles les membres du gouvernement n'étaient pas d'accord ; mais ils craignirent toujours avec raison qu'il ne voulût agir en masse, et ils firent les lois les plus sages, pour empêcher l'introduction de la démocratie populaire. A Rome, le peuple se croyant outragé dans ses droits, se retira sur le mont sacré. Que fit la république en cette circonstance ? Elle caressa le peuple, par la création des tribuns, et elle le vit rentrer dans ses foyers, sans subir le funeste essai de cette turbulente démocratie.

(1) Contrat social, livre III, chapitre XV, page 94.

Du reste, quelle serait l'action gouvernementale de cette démocratie? Les émeutes! les insurrections! les cris d'une multitude effrénée! Dieu sait comme cette action serait sociale! Ce dernier aspect de la démocratie, évident par lui-même, ne demande pas un plus ample développement. « Ajoutons, dit Jean-Jacques Rousseau, qu'il n'y a pas de « gouvernement si sujet aux guerres civiles et aux « agitations intestines que le démocratique ou po- « pulaire, parce qu'il n'y en a aucun qui tende si « fortement et si continuellement à changer de « forme, ni qui demande plus de vigilance et de « courage, pour être maintenu dans la sienne (1). »

CHAPITRE XI.

De l'oligarchie.

« Les formes de gouvernement, dit Bossuet, « ont été mêlées en diverses sortes, et ont com- « posé divers états mixtes (2). » L'oligarchie fait partie de ces formes politiques. C'est pourquoi j'ai cru devoir en dire quelque chose.

On entend par oligarchie cet état social et politique d'une nation, qui met l'autorité gouvernementale entre les mains du petit nombre. C'est à

(1) Contrat social, livre III, chapitre IV, page 96.
(2) Politique de Bossuet, livre II, article 1er, VIe proposition, page 63.

proprement parler le gouvernement des riches, parce que les richesses se trouvent toujours dans le plus petit nombre des citoyens. Les revenus font donc la base primordiale de cet ordre de choses politique, si toutefois on doit lui donner ce nom. Ainsi il diffère de la démocratie, puisqu'il ne s'appuie ni sur le mérite, ni même sur le titre de citoyen ; de l'aristocratie, en ce que, sans avoir égard à la naissance, aux titres nobiliaires, il cherche uniquement sa couleur dans le revenu.

Cette forme gouvernementale est essentiellement exclusive ; elle ne tolère point les exceptions, comme la démocratique, qui peut adopter l'aristocrate, parce qu'il est toujours un citoyen : comme l'aristocratique, qui reçoit le roturier en l'ennoblissant ; sans un revenu déterminé, elle perd son nom ; elle est mobile de sa nature ; elle passe entre les mains d'un autre riche, quand le premier sujet a perdu le revenu déterminé ; en un mot, elle est dans la force du terme le privilége de la fortune.

Aristote croit que cette forme de gouvernement n'est pas très-convenable à l'ordre social. « Dans « cet état de choses, dit-il, la vertu n'étant comptée « pour rien, et l'argent pour tout, parce qu'il « conduit à tout, l'admiration et la soif des ri- « chesses saisit toute une ville et la corrompt (1). » Cette réflexion du philosophe païen me paraît fort plausible. Assurément le modèle du plus excellent

(1) Réflexions citées dans l'Histoire ancienne de Rollin, tome I, page 185.

gouvernement consisterait en ce qu'il soit pris un moyen terme entre l'oligarchie où l'on ne considère que le revenu, et la démocratie où l'on n'en tient nul compte. Néanmoins, n'est-il pas plus ordinaire de rencontrer parmi les riches le savoir joint à la naissance, et par là ne sont-ils pas moins exposés à la tentation de mal faire ?

Dans tous les gouvernements, dans les républiques mêmes les plus florissantes de l'antiquité, on a été comme entraîné à n'introduire dans les places que les personnes riches. « On crut devoir sur ce « point donner la préférence aux richesses, parce « qu'on a lieu de présumer que ceux qui ont du « bien ont reçu une meilleure éducation, pensent « plus noblement, sont moins exposés à se laisser « corrompre et à faire des bassesses, et que la « situation même de leurs affaires les rend plus « affectionnés à l'état, plus disposés à y maintenir « la paix et le bon ordre, plus intéressés à en « écarter toute sédition et toute révolte (1). »

On peut distinguer dans le corps social deux sortes d'oligarchies, savoir : celle de la haute propriété, et celle du haut commerce. Reposant toujours sur le plus petit nombre, ces deux oligarchies doivent marcher de pair dans un gouvernement organisé avec sagesse, parce que « l'agriculture et le commerce sont les deux mamelles d'un état (2). » Il est donc fort naturel que ceux qui tiennent le

(1) Histoire ancienne par Rollin, tome I, page 186.
(2) Pensée de Sully, ministre de Henri IV, roi de France.

haut bout dans ces deux branches arrivent successivement aux affaires et régissent la société.

Dans notre gouvernement soi-disant représentatif, je ne trouve qu'une oligarchie clairement exprimée par le système électif exigeant un certain cens. Le nombre qui élit, et plus encore celui qui est éligible, ne se trouve pas dans la classe la plus nombreuse de la société. C'est à mon avis, le privilége de la fortune mis en jeu. Envisagé sous ce point de vue il présente une garantie réelle.

Néanmoins, comme il n'est pas assez restreint quant au nombre, ce privilége se rapproche trop des classes moyennes ; ainsi il n'offre qu'une oligarchie improprement dite. Introduisant dans le corps administratif un trop grand nombre de riches, il n'en simplifie pas assez les ressorts.

Quoiqu'il en soit, tant que les hommes seront hommes, et ils le seront toujours, il y aura ambition, cabale, jalousie. Les hautes richesses lutteront par la seule force de leur poids contre les richesses réunies des classes moyennes. Alors, il n'est pas rare de voir se réaliser ce que dit le citoyen de Genève : « Quand les fonctions du gou-
« vernement sont partagées entre plusieurs tribu-
« naux, les moins nombreux acquièrent tôt ou
« tard la plus grande autorité, ne fût-ce qu'à cause
« de la facilité d'expédier les affaires qui les y
« amène naturellement. »

Le riche veut des affaires publiques à tout prix ;

(1) Contrat social, livre III, chapitre IV, page 95.

la vénalité lui sert toujours d'échelon ; l'homme moyen veut également y parvenir ; il a recours à la ruse et au nombre surtout dans le système électif. Le pauvre désire et ne peut rien. Réduit à cette espèce d'ilotisme, où trouve-t-il ordinairement sa ressource ? Dans la haute propriété, me répondent ceux-ci. Je l'admets. — Ceux-là me répondent qu'il la trouvera tout aussi bien dans les classes moyennes, qui par leur nombre procureront le même résultat. Je le veux également, mais que conclure de là ? Que chacun ne raisonne et ne juge que d'après sa position sociale.

Dans le fond, il me paraît plus convenable que la société soit gouvernée par les hautes richesses. L'action des gouvernants, resserrée dans un cercle plus étroit sera moins visible au reste de la société. Pendant que le petit nombre se débattra, et tâtera tour à tour du pouvoir, les autres classes sociales agiront chacune dans sa sphère ; la machine du gouvernement sera moins entravée par les intrigues du plus grand nombre, et ainsi la société ne s'en trouvera que mieux. Protégée par le riche, la classe prolétaire deviendra plus industrieuse ; l'exemple des classes moyennes l'encouragera ; les émeutes, suite funeste de l'oisiveté et de la cabale, fuiront loin du corps social. Respectée par le peuple, la haute classe ouvrira ses trésors, et fera refluer son abondance dans des embellissements de tous genres, qui offriront à la classe ouvrière un honnête travail et un repos assuré.

LIVRE CINQUIÈME.

REVUE HISTORIQUE ET PHILOSOPHIQUE DES PRINCIPALES SOCIÉTÉS NATIONALES QUI ONT EXISTÉ AVANT L'ÉTABLISSEMENT DU CHRISTIANISME.

INTRODUCTION.

En lisant l'histoire de tous les peuples, le philosophe se trouve comme placé dans un magnifique jardin, où il peut considérer à loisir les fleurs et les plantes, les arbres à fruits et la distribution du sol potager. Tout est beau, sans doute, dans cette espèce de jardin social, orné, embelli par les diverses formes de gouvernement. Chaque opinion raisonnée et raisonnable peut y apercevoir la forme pour laquelle elle se sent plus de prédilection; mais nos utopistes modernes n'y découvriront jamais la souveraineté du peuple envisagée comme principe.

Je divise en trois articles cette analyse historique que les bornes de cet écrit me forcent à rendre aussi succincte que possible; je m'attache aux peuples qui se sont le plus illustrés.

ARTICLE PREMIER.

EMPIRE DES ASSYRIENS.

Je commence cette revue historique par l'empire des Assyriens, que l'on peut regarder comme l'un des plus puissants empires du monde, et même comme le plus ancien, si on en excepte celui d'Egypte qui marche de pair avec lui.

La forme du gouvernement de cet empire fut constamment une monarchie pure et même absolue : « Dans l'orient, dit Rollin, c'est le gouvernement « monarchique qui domine, entraînant avec soi « une pompe majestueuse, et une hauteur presque « inséparable de l'autorité souveraine (1). » En effet, formé par le premier conquérant qui ait existé dans le monde, cet empire dut par la suite se ressentir de son origine. Qui ne sait que personne au monde n'est plus absolu que les conquérants ?

(1) Histoire ancienne, tome II. Avant-propos sur l'histoire des Assyriens, page 178.

Mais la conquête ne fut pas la seule base fondamentale de cette vaste monarchie.

Nemrod, son fondateur, commença par réunir les différents peuples subjugués sous une même autorité, par des lois communes et par une même police. Il ne ravagea pas en tyran les provinces dont il avait fait la conquête ; il chercha à se faire aimer de ses sujets, et en construisant une ville superbe qu'il décora du nom de son fils, il affermit sa famille sur le trône. Son fils, tout en agrandissant cette ville, n'oublia pas son premier fondateur; il voulut immortaliser la mémoire de son père, en lui faisant rendre les honneurs divins. Ainsi, la première monarchie du monde devint héréditaire par le prestige religieux ; ainsi l'hérédité fut sanctionnée par une espèce de droit divin, et par le besoin de se maintenir qu'éprouvaient ces sociétés naissantes ainsi réunies sous les auspices d'un fondateur, que l'on prenait pour un Dieu. Ces bases sociales, qui se rapprochaient de la famille, dont les peuples conquis avaient fait l'expérience, se cimentèrent insensiblement par la succession, et furent la cause première de la durée assez florissante de cet empire. S'il n'avait eu pour titre à la durée que la conquête, peut-être eût-il disparu avec son fondateur.

Néanmoins, il faut en convenir, cet empire présenta bientôt les inconvénients qui sont inhérents à l'hérédité dans les monarchies absolues. Car, après la fameuse Sémiramis, il eut à subir trente générations de princes efféminés et inconnus. Des conseillers habiles auraient suppléé au défaut de ces rois fainéants, si cette société nationale s'était étayée de la forme aristocratique. Mais il paraît que la forme monarchique mise en mouvement dans la première société civile devait se soutenir par le prestige de son principe : « Telle était, dit un écrivain mo- « derne, la puissance sans bornes des rois dans « tout l'orient, berceau de la civilisation, et la « monarchie ainsi constituée y semblait le dernier « perfectionnement de l'ordre social (1). »

EMPIRE DES EGYPTIENS.

L'état politique des Egyptiens n'eut peut-être pas le brillant de celui des Assyriens; mais son état social me paraît plus solidement constitué. Ses commencements ne se rattachent point à la conquête, à cet esprit de domination qui entraîne presque toujours l'absolutisme à sa suite; ils paraissent se

(1) De l'origine et de la nature du pouvoir, par M. J.-B. de St-Victor, tome I, page 101.

L'empire des Assyriens subsista avec plus ou moins d'éclat pendant plus de quatorze cent cinquante ans, depuis Nemrod, que l'on croit être son fondateur, vers l'an du monde 1800, jusqu'à Sardanapale, qui en fut le dernier roi, vers l'an du monde 3257. De cet empire ainsi dépiécé, ensuite de la conjuration d'Arbau, gouverneur des Mèdes, sortirent trois monarchies assez considérables, celle des Mèdes, celle des Assyriens de Babylone, et celle des Assyriens de Ninive, qui passèrent sous la domination de Cyrus-le-Grand, après une durée de 210 ans.

résumer uniquement dans la famille. Selon toute apparence, Minès que tous les historiens regardent comme le premier roi d'Egypte, est Mesraïm, fils de Cham, qui avait choisi l'Afrique pour son partage.

Emanant ainsi directement de la famille, le gouvernement en Egypte fut monarchique et héréditaire; mais il ne fut pas entièrement absolu. Il est aisé d'y remarquer une espèce de forme aristocratique. Trente juges tirés des principales villes, et chargés de juger tout le royaume, formaient le parlement de ce pays, et présentaient ainsi au gouvernement une plus grande garantie de solidité. Ces trente juges élisaient un président parmi eux, et la ville à laquelle appartenait l'élu, envoyait un autre juge à sa place. Selon toute apparence, le roi lui-même choisissait ses juges, qui devaient lui servir de conseillers, et des raisons de sagesse pouvaient l'engager à leur abandonner le choix de leur président.

Les anciens ont regardé avec raison l'état social de ce pays comme l'école la plus renommée en matière de politique et de sagesse; c'est aussi en Egypte que se trouvent l'origine et le berceau de la plupart des arts et des sciences. La civilisation qui en est la fidèle compagne ne trouve donc point son tombeau dans la forme monarchique, comme le pensent certains publicistes, qui n'ont de l'admiration que pour les formes populaires (1).

(1) Ce fut vers l'an du monde 1816, que commença la société civile des Egyptiens; elle subsista sans interruption

EMPIRE DES JUIFS.

Quoique la société civile des Juifs fasse une classe à part, il n'est pas hors de propos de la faire entrer dans cette revue des états politiques du monde, afin qu'on puisse mieux apprécier jusqu'à quel point il y a analogie entre ce peuple privilégié et les autres nations anciennes, dans leurs formes gouvernementales.

Dès que le peuple Juif fut constitué en corps de nation par un législateur, qui prouva sa mission par des miracles éclatants, Dieu se déclara et fut leur roi temporel. Cette forme théocratique subsista d'abord sous des juges, qui n'exerçaient la judicature au milieu de ce peuple, que comme les lieutenants du Seigneur.

jusqu'à Psamménit qui fut vaincu par Cambyse, roi de Perse, qui soumit toute l'Egypte à sa domination vers l'an 3479; ce qui donna à cet empire la durée imposante de 1663 ans. L'histoire de ce pays est enveloppée de fables, et doit être lue avec défiance jusqu'au règne de Psamménit. La chronologie, telle que les auteurs nous l'ont conservée, est un chaos inextricable, et il paraît difficile de coordonner entre elles les diverses assertions. Ce dédale a été rendu peut-être inextricable par les historiens du pays qui ont transcrit leurs annales.

Depuis l'expédition de Cambyse, l'histoire de ce pays est plus certaine, et se confond avec celle des Perses et des Grecs, jusqu'à la mort d'Alexandre-le-Grand. Les Lagides y fondèrent ensuite une nouvelle monarchie. Cet empire ainsi reconstitué dura près de 300 ans, et devint la proie des Romains.

Pendant la durée de la judicature, on ne voit dans cette nation, ni monarchie élective ou héréditaire, ni aristocratie, ni oligarchie, ni démocratie. On y découvre constamment une forme unique, la théocratie. Dieu, en sa qualité de roi temporel de ce peuple ne fait pas, comme les autres rois, usage de sa puissance pour le rendre toujours florissant. Sous cette forme purement théocratique, les Hébreux furent réduits six fois en servitude, conservant néanmoins leurs lois, leur police, leurs juges même. Ce fut le châtiment de leurs prévarications, de leur légèreté, de leur inconstance. Il semble que Dieu laisse dormir son pouvoir. Mais quand ce peuple sent ses maux, et a le repentir de ses fautes, ce roi puissant se réveille, et avec de faibles ressources, il le rend victorieux.

Quoique entouré de la protection divine, ce peuple finit par se dégoûter du gouvernement du Seigneur. Un monarque qui n'était visible que par ses lieutenants, ne parut plus suffire à son orgueil, et il voulut avoir, comme les autres nations, un roi visible tiré de son sein. Cette demande qui, dans l'ordre politique, n'est pas sans importance, eut lieu à une époque où la royauté seule régissait les différentes nations du monde, et où la forme républicaine était complétement ignorée.

Si les Hébreux, en voulant se conformer aux formes gouvernementales des autres peuples, outragèrent le Seigneur, ce ne fut pas assurément parce qu'ils demandèrent une royauté, mais bien parce qu'ils semblèrent rejeter l'autorité de Dieu, qu'ils auraient dû regarder comme un monarque mille fois plus précieux que les autres. Néanmoins, Samuel qui alors exerçait la suprême judicature, reçut ordre d'acquiescer à leur demande, et de leur accorder un roi dans la personne de Saül, qui fut désigné par le sort dans l'assemblée du peuple à Maspha. « Le peuple d'Israel, dit Bossuet, se ré-« duisit de lui-même à la monarchie, comme étant « le gouvernement universellement reçu (1). »

Cet événement social, chez les Juifs, fournit deux réflexions importantes : premièrement, le peuple assiste au choix de son roi ; mais il n'agit point par la voie de l'élection, il semble que le sort seul en décide. En second lieu, Dieu semble céder sa place à la royauté, mais il nomme lui-même son successeur, et s'il permet l'action du sort en présence du peuple, c'est pour montrer que le peuple ne doit point être étranger à l'application de l'autorité sociale.

Plusieurs savants croient qu'alors le gouvernement théocratique cessa absolument chez les Juifs. Je veux bien admettre qu'il ne parut pas d'une manière aussi formelle que sous les juges ; mais Dieu n'abandonna pas pour cela ce peuple à lui-même, et il s'ingéra toujours dans ses affaires politiques, par le ministère de ses prêtres et de ses prophètes. Il répudia lui-même le premier roi qu'il avait fait

(1) Politique de Bossuet, livre II, article 1er, VIIe proposition, page 61.

introniser, et il transporta la couronne sur une autre famille plus fidèle à ses commandements.

Sous le règne de David, second roi d'Israël, l'empire des Juifs fit de rapides progrès, et ces progrès continuèrent sous Salomon son fils et son successeur. Dieu se plut à communiquer une sagesse surprenante à Salomon, pour montrer que c'est par lui que les rois règnent et gouvernent sagement leurs peuples. Après la mort de Salomon, l'empire des Juifs se fractionna en deux royaumes. Deux tribus demeurées fidèles à la famille de David, forment le royaume de Judas ; les dix autres tribus suivant un chef rebelle, prennent le nom du royaume d'Israël. Cette séparation, due à l'imprudence de Roboam, successeur de Salomon son père, nous révèle un fait politique digne de remarque. Le conseil des jeunes gens est préféré à celui des anciens, et ce mépris injuste démembre un empire qui aurait continué à être florissant. Il serait à souhaiter que nos politiques modernes méditassent sérieusement sur cette cisconstance, que Dieu ne permit que pour donner à la postérité une sage leçon.

Depuis cette fraction jusqu'à la captivité de Babylone, l'état politique de la nation juive ainsi partagée en deux monarchies offre un mélange bizarre de prospérité, d'adversité, de fidélité, de prévarication, de rois légitimes et d'usurpateurs. Triste vicissitude des destinées humaines commune à tous les peuples qui s'écartent de la ligne que la main puissante du Seigneur a tracée ! Néanmoins la famille de David se maintint toujours sur le trône de Juda, sauf quelques exceptions que Dieu réprima par le ministère de ses prophètes et des grands-prêtres. On voit que l'œil du Seigneur se fixa particulièrement sur cette portion de son peuple privilégié, qui conserva plus fidèlement son culte, que la fraction d'Israël que Dieu cependant n'abandonna pas entièrement. Car des prophètes suscités de temps en temps furent comme des flambeaux destinés à éclairer cette partie infidèle et rebelle.

Mais les événements qui préparèrent la captivité de Babylone furent le grand coup de foudre qui frappa cet empire. Dieu dirige sur Jérusalem Nabuchodonosor, roi de Babylone. Cette ville est prise, réduite en cendres, après trois ans de siége. Les Juifs de Jérusalem et de toute la Judée sont conduits en captivité au-delà de l'Euphrate. Ainsi la société civile des Juifs est comme dissoute, après avoir éprouvé pendant plus de cinq siècles l'influence du régime monarchique et héréditaire.

Jusqu'à cette époque désastreuse, les royaumes de Juda et d'Israël avaient toujours persévéré dans leur séparation déraisonnable. Une captivité de soixante-dix ans, clairement prédite par les prophètes, les réunit sous la bannière du malheur. Ce terme fixé par la vengeance divine étant expiré, ce peuple malheureux obtint la permission de relever les ruines de sa capitale, de construire de nouveaux murs et de rebâtir son temple. Les rois de Perse, devenus maîtres de l'empire de Babylone, lui accordèrent cette précieuse faveur ; il fut donc de nouveau constitué en société civile et politique. Mais la royauté ne fut point rétablie, il fut gouverné par une longue suite de grands-prêtres, qui étaient juges suprêmes dans les matières civiles, comme dans les matières religieuses. La forme théocratique ne se montra plus si ostensiblement qu'auparavant.

Il faut en convenir, la vie politique des Juifs fut en quelque sorte asservie aux rois de Syrie et d'Egypte, qui se disputèrent ce malheureux pays, après le démembrement de l'empire d'Alexandre-le-Grand. Cet état mixte et en quelque façon précaire subsista pendant près de trois siècles. Les Macchabées relevèrent son éclat et sa puissance sous une forme de gouvernement moitié royale, moitié militaire, moitié républicaine. La forme royale prévalut bientôt sous Jean Liscan, et subsista pendant près de cent ans jusqu'à Hérode, qui obtint de l'empereur Auguste la confirmation du royaume de Judée. Ainsi sur la fin, cet empire fut faible, et soumis à une foule d'événements qui préparaient l'accomplissement de la prophétie de Jacob. Plus le moment de la venue du Messie approchait, plus cet empire s'affaiblissait, se démantibulait, parce que tel était son sort arrêté dans les desseins de l'Eternel. Ce peuple, héritier des promesses de Dieu, devait donner naissance au sauveur du monde ; là se terminait sa mission.

Que dis-je ? Les variations de cet empire permises par la divine Providence devaient servir de leçons à l'univers, et montrer aux autres peuples que l'autorité sociale s'allie avec toutes les formes de gouvernement, pourvu que le principe divin soit respecté, conservé, maintenu. Dans le gouvernement de cette nation, il n'y eut de stable que le principe religieux qui la dirigeait. La théocratie se montra tantôt plus, tantôt moins, dans ses diverses situations politiques ; mais jamais elle n'adopta le système populaire, les élections faites par les masses. Il semble que Dieu voulut par là nous apprendre que l'autorité sociale qui émane de lui, est une espèce de théocratie approchant en quelque sorte de celle qu'il montra chez les Juifs. Cette appréciation me paraît fort plausible, puisque hors de là, il n'y a chez les nations qu'arbitraire, intrigue, ambition, trouble, cabale.

La société civile des Juifs ne tomba point par défaut de constitution solide. Car, dit Rousseau, « la loi judaïque toujours subsistante annonce « encore aujourd'hui le grand homme qui l'a dictée ; et tandis que l'orgueilleuse philosophie ou « l'aveugle esprit de parti ne voit en lui qu'un « heureux imposteur, le vrai politique admire dans « ses institutions le grand et puissant génie qui « présida aux établissements durables (1). » Il est vrai, le corps politique, aussi bien que le corps de l'homme, commence à mourir dès sa naissance,

(1) Contrat social, livre II, chapitre VII, page 60.

et porte en lui-même les causes de sa destruction. Mais le principe divin, qui ne meurt point, lui donne la vie, et ressuscite les nations anéanties, sous de nouvelles formes ou sous de nouveaux noms. La nation judaïque fait une exception, qu'il est permis d'envisager comme miraculeuse, et hors de la ligne commune (1).

(1) Le peuple hébreu fut seul dépositaire d'un livre qui contient la vraie histoire des premiers siècles. Tous les autres peuples, pour obtenir leur véritable origine, sont obligés d'avoir recours au livre des Hébreux. Hors de là, ils se perdent dans le fabuleux. Les Egyptiens, les Chaldéens, les Phéniciens, les Chinois, les Grecs et les Romains qui appartiennent au domaine de l'antiquité, peuvent-ils se flatter d'avoir une histoire plus claire, plus précise, plus monumentale que celle des Hébreux ?

Les Hébreux descendent du patriarche Abraham, dont la vocation eut lieu l'an du monde 1917. Abraham était Chaldéen, et habitait au milieu d'un peuple déjà constitué en société civile. Les Hébreux furent nomades pendant 381 ans. Ils passèrent donc en première ligne par la famille. L'histoire sainte nous apprend de quelle autorité et de quelle considération les patriarches jouissaient dans leurs familles. Ils s'établirent en Egypte, l'an du monde 2298, et y firent un séjour constant de près de 200 ans. Ce temps fut pour eux comme une servitude. Néanmoins ils multiplièrent considérablement, jusques au point de porter ombrage aux naturels du pays. Quand ils sortirent de l'Egypte, vers l'an du monde 2513, ils furent constitués en société civile, à l'époque de la publication de la loi de Dieu sur le mont Sinaï. L'empire des Juifs a donc subsisté pendant 1487 ans.

ARTICLE SECOND.

EMPIRE DES PERSES.

L'empire des Perses fut formé par la réunion de deux peuples, qui n'avaient ni les mêmes mœurs, ni les mêmes inclinations. Si les Perses étaient sobres, laborieux, modestes; il n'en était pas de même des Mèdes livrés au luxe, au faste, à la mollesse et à la volupté. Cyrus-le-Grand rendit cet empire célèbre et puissant.

Platon assure que le gouvernement de la Perse était dans l'origine une monarchie tempérée ou mixte (1). La chose ne serait pas hors de vraisemblance, s'il fallait croire tout ce qui est rapporté dans la Cyropédie de Xénophon, mais malheureusement cet ouvrage n'est qu'un cadre où l'auteur a voulu faire entrer ses idées sous un bon gouvernement, et il a prêté aux Perses des usages qu'ils n'ont jamais eus.

Quoiqu'il en soit, la monarchie, chez les Perses, était héréditaire, et passait pour l'ordinaire à l'aîné. L'autorité du monarque, quoique revêtue de tous les prestiges de la souveraineté, n'était pas livrée à un absolutisme complet pour le gouvernement. Cette société civile offrait une espèce d'aristocratie

(1) *Plato, de legibus*, III. *caput* 12.

dans le conseil public, où s'examinaient toutes les affaires. Ce conseil était composé de sept principaux chefs de la nation, qui devaient être plus recommandables encore par leur habileté et leur sagesse, que par leur naissance (1).

EMPIRE DES GRECS.

J'arrive maintenant à l'empire des Grecs, moins célèbre par l'étendue du territoire qu'il occupa, que par ses héros, ses philosophes, son prodigieux succès dans les arts, les sciences, la littérature, la poésie, l'histoire, son patriotisme et son amour pour la liberté ! La forme du gouvernement de cet empire offre un mélange bizarre, heureux, constant, de royauté, de démocratie, d'oligarchie et d'aristocratie. Il semble que son état social ne se soutient que par ces diverses formes employées avec habileté, rendues plus régulières par de sages législateurs, et toujours cimentées par un principe unique, l'amour de l'indépendance et la haine de la servitude.

(1) L'empire des Perses n'eut que la durée modeste d'environ 210 ans ; il prit toute sa célébrité à la prise de Babylone, vers l'an du monde 3466, et il expira sous les coups d'Alexandre-le-Grand, vers l'an du monde 3674. La grandeur, l'élévation, la chute de cet empire, fournissent la matière à une foule de réflexions politiques et philosophiques, qui ne doivent pas entrer dans cette espèce de tableau historique.

Cependant, malgré l'habileté de ses législateurs, malgré les conseils de ses sept sages si renommés, de ses philosophes approfondissant les matières les plus ardues de l'art de gouverner, cet empire flotte, vacille sur les flots populaires, offre à plusieurs reprises le spectacle pénible de guerres intestines, et vient successivement expirer sous le poids des conquêtes d'un Alexandre qu'il seconde puissamment, et des Romains, contre lesquels il ne peut lutter, après une durée de près de cinq siècles.

L'empire des Grecs présente un beau tableau du gouvernement républicain, populaire même. Pour le maintenir, il sut s'assujettir à tous les genres de sacrifices, à toutes les épreuves. Mais du reste, sous cet état de choses politiques, il n'eut pas le bonheur d'une très-longue durée, parce qu'il fut moins conforme à la famille, titre primordial de toutes les sociétés. Dans le fond, les Grecs n'eurent que deux siècles de célébrité, depuis Xercès roi des Perses, qui voulait les engloutir, jusques à Alexandre-le-Grand. Ces deux siècles sont, à proprement parler, l'âge viril de ce pays célèbre. Mais quand le roi de Macédoine leur eut adroitement imposé le joug par le prestige de ses victoires, la fin répondit-elle au commencement ?

La Grèce eut, je crois, l'honneur de mettre en jeu la première le gouvernement républicain, après avoir joui longtemps des bienfaits de l'ordre monarchique. Ils firent moins de bruit, mais dans le fond, ils furent tout aussi heureux. La république de Sparte respecta cette ancienne tradition, puisqu'elle conserva toujours deux rois appartenant aux mêmes familles. Elle parut se rapprocher de la monarchie tempérée par l'aristocratie. Aussi, parmi les divers états de la Grèce, fut-elle celui qui fut le moins agité, et elle l'emporta sur Athènes sa rivale, qui avait plus de brillant que de solide.

Les événements parurent justifier cette espèce de mépris que les Grecs eurent pour l'état monarchique, le plus ancien de tous, le plus universellement répandu, le plus propre à entretenir la paix et la concorde, et, comme l'observe Platon lui-même, « le plus formé sur le modèle de l'autorité « paternelle, et de cet empire doux et modéré que « les pères exerçaient dans leurs familles (1). »

EMPIRE DES MACÉDONIENS.

Près de la Grèce, cette fourmilière de héros, devait apparaître un héros qui serait au-dessus de tous les autres, un héros chargé de faire comprendre à ce peuple républicain que la monarchie n'est point ennemie de l'héroïsme, et qu'un chef social honoré du titre de roi, est aussi capable qu'un chef populaire d'enchaîner la victoire à son char. Parler ainsi, c'est nommer Alexandre-le-

(1) *Plato, de legibus, liber* III.

Grand, qui a donné à la Macédoine, et même à la Grèce une réputation vraiment gigantesque.

A l'arrivée de Philippe, son dix-neuvième roi, cette société nationale quitte son obscurité, et commence à jouer un grand rôle dans la Grèce, rôle qui excite l'inquiétude de ce pays jaloux de sa liberté, rôle qui fait briller l'éloquence de Démosthène. Mais les limites étroites, quoique brillantes de ce pays, ne suffirent plus au génie, ou, si on le veut, à l'ambition d'Alexandre, fils et successeur de Philippe. Il lui fallut, pour ainsi dire, tout l'univers pour théâtre de sa gloire et de ses exploits guerriers. Toute la terre fut condamnée à se taire devant lui; mais ce silence d'étonnement ne fut pas de longue durée, et après un règne de douze ans, le vainqueur des peuples, vaincu à son tour par un excès de vin, emporta avec lui toute la célébrité de son empire, le laissant, il est vrai, au plus digne sans le désigner, parce qu'il n'était pas en son pouvoir de créer des héros pour ses successeurs.

Je ne m'arrête pas à la forme gouvernementale de cet empire de circonstance. Qui ne sait qu'elle fut royale et militaire tout-à-la-fois. Toutefois je remarque que le peuple viola les lois de l'hérédité, pour donner la couronne au père d'Alexandre. Cet acte fut commandé par la nécessité, le peuple croyant qu'un politique rusé, consommé et habile comme Philippe, pouvait mieux le régir qu'un jeune pupille. Mais dans les secrets desseins de la divine

Providence, ce choix irrégulier fut peut-être la cause première qui empêcha que les descendants d'Alexandre ne régnassent dans ce pays.

EMPIRE DES CARTHAGINOIS.

Je ne dois pas passer sous silence un empire, qui nous offre un type constant et même heureux de la forme républicaine. Son état social consistait dans l'établissement de trois autorités différentes et destinées à se balancer l'une et l'autre, et à se prêter un mutuel secours. La royauté ou la monarchie fut constamment bannie de cette société livrée en même temps au commerce et à la guerre, de cette société qui prospéra dans l'un et l'autre, quoique ces deux choses paraissent se nuire mutuellement. Mais elle fut remplacée par une espèce d'aristocratie, d'oligarchie et de démocratie.

Toutes les classes sociales étaient mises en jeu dans les ressorts administratifs de cette république. Les suffètes représentaient les grands ou les princes; car ils étaient pris indifféremment dans les plus nobles familles. Mais leur autorité ne durait qu'un an. C'était en quelque façon la classe la plus privilégiée, ayant comme la mission de représenter la royauté auprès des autres classes sociales. Présidents et chefs du sénat, qu'ils avaient seuls le droit d'assembler, les suffètes y proposaient les affaires et recueillaient les suffrages ; ils présidaient également aux jugements qui se rendaient sur les affaires importantes. Ainsi, c'était une espèce d'aristocratie ambulante et successive, restreinte quant au nombre, mais puissante par l'autorité dont elle était revêtue.

Venait ensuite une autre espèce d'aristocratie, que je nomme cependant oligarchie, parce que les richesses y donnaient encore plus de droit que l'âge, le mérite, la vertu, la naissance, qualités qui n'étaient pas méprisées dans cette république, mais qui devaient être jointes à un revenu déterminé, pour entrer dans cette seconde hiérarchie gouvernementale. C'était le sénat qui jouissait d'une grande puissance, puisque dans son sein seul se traitaient les grandes affaires. Selon Diodore de Sicile, Tite-Live, Polybe, le sénat de Carthage était divisé en deux parties fort inégales en nombre et en dignité. La première partie, quoique moins nombreuse, s'appelait proprement le sénat. La seconde partie renfermait un plus grand nombre de membres, mais elle ne portait que le nom de conseil. Il y avait en outre, dans ce sénat même, une compagnie de surveillance ; c'étaient les centumvirs, qui avaient spécialement la mission de réprimer la trop grande puissance des généraux, de veiller au maintien de la constitution, et d'écarter les dangers qui pouvaient menacer le gouvernement.

La république de Carthage ne s'en tint pas là :

elle voulut encore que les ressorts administratifs fussent étayés de la démocratie ou de la décision du peuple. Ainsi, lorsque les deux ordres n'étaient pas d'accord entre eux, le peuple était assemblé, on lui communiquait l'affaire, et il décidait en dernier ressort. Mais ordinairement le peuple se reposait sur le sénat du soin des affaires publiques, et lui en laissait la principale administration. Conduite sage, qui rendit la république puissante, tant qu'elle fut observée. Mais plus tard le peuple devenu plus riche et plus fier voulut trop souvent user de son droit; il finit par s'arroger presque tout le pouvoir : de là les cabales et les factions, qui furent une des principales causes de la ruine de l'état. C'est la remarque de Polybe, et elle me paraît fort judicieuse.

Outre ce défaut populaire si nuisible aux états qui accordent trop à la démocratie, Aristote reconnaît dans le gouvernement de Carthage deux grands vices, dont l'un consistait à accumuler sur la même tête plusieurs dignités, et l'autre à avoir trop égard aux richesses, pour accorder les premiers postes. Quoiqu'il en soit, cet empire lutta pendant près d'un demi siècle contre les forces romaines dans ces guerres célèbres qui, en développant le génie de ces peuples, se firent remarquer par une variété de succès, de combats, de victoires, de défaites, de grands hommes, qui embarrassent l'observateur impartial dans le jugement qu'il doit porter.

La république de Carthage parut même avoir un avantage sur celle des Romains, en ce qu'elle sût allier la prospérité du commerce avec la guerre, qui est ordinairement nuisible à cette branche d'industrie, et en ce qu'elle fit de si belles choses avec des troupes soudoyées, qu'elle dirigea si bien par l'habileté de ses généraux. Cette habileté n'était pas de circonstance ; elle devait en quelque sorte découler des entrailles mêmes de la constitution de ce pays. Car le tribunal redoutable qui devait recevoir le compte de la gestion de ces généraux, les forçait en quelque façon à la circonspection, à l'habileté et à la victoire.

Je découvre dans la forme constitutive du gouvernement de Carthage un type assez exact du gouvernement constitutionnel, dont nos politiques modernes voudraient s'arroger l'invention, et qu'ils n'ont pas même perfectionné. Car en le joignant à la forme monarchique et héréditaire, ils n'ont fait qu'allier imprudemment des éléments hétérogènes, puisque la monarchie, qui s'éloigne de la forme populaire, est de sa nature ennemie de la constitution qui s'en approche. Les fondateurs de la république de Carthage furent plus sages, plus logiques. Ils ne répudièrent la forme monarchique que pour donner à la constitution toute sa vigueur. Ils voulurent un ensemble dans leur corps social, et ils l'obtinrent par ce moyen. « Le gouvernement de Carthage, dit Aristote, était fondé sur « des principes d'une profonde sagesse : ce qui le

« prouve, c'est que pendant plus de cinq cents ans, « il n'y eut aucune sédition considérable, qui « troublât le repos, et aucun tyran qui en opprimât la liberté (1). » La république d'Athènes et les autres de la Grèce peuvent-elles se flatter d'un fait aussi glorieux ? Ne furent-elles pas de temps à autre asservies par des tyrans ?

La république de Carthage eut une durée d'au moins sept cents ans ; elle ne dut pas sa destruction au vice de son état politique ; il est plus juste de dire qu'elle fut, après des efforts héroïques, écrasée par toute la puissance romaine, qui aurait volontiers absorbé toutes ses ressources, pour se défaire de cette fière rivale, dont le commerce, la prospérité, les exploits guerriers, l'ambition même lui portaient un ombrage constant. La vue de Carthage détruite fit prononcer à Scipion son vainqueur, les paroles suivantes : « Il viendra un temps où la ville « sacrée de Troie, et la belliqueuse Priam et « son peuple périront (2). » On peut également lui appliquer les paroles de l'Ecriture sainte : « Un « royaume est transféré d'un peuple à un autre, « à cause des injustices, des violences, des outra- « ges qui s'y commettent, et de la mauvaise foi « qui y règne en différentes manières (3). » Tout le monde connaît ce proverbe auquel ce peuple a donné lieu : la foi carthaginoise, *fides punica* (4).

(1) République d'Aristote, livre II, chapitre II.

(2) Iliade d'Homère, livre VII, vers 448.

(3) Eccli., chapitre X, ℣. 8.

(4) Les historiens ne sont pas d'accord sur la date précise

EMPIRE DES CHINOIS.

La folle prétention des Chinois pour une antiquité exorbitante et très-certainement fabuleuse, ne doit pas m'interdire l'examen de l'état politique d'un peuple, qui cherche à se noyer dans les êtres imaginaires.

La forme gouvernementale de ce pays est monarchique et héréditaire. Son chef social jouit d'une autorité que toute le nation respecte, et qui est entourée des prestiges divins. L'empereur de ce pays passe pour être l'image du soleil. Cette idée seule est capable, chez un peuple superstitieux à l'excès, d'entretenir la solidité et la constance dans le gouvernement. Car, si le soleil est constamment dans le ciel, et luit toujours, il convient que son image ne soit point détrônée. De là vient qu'en Chine, les éclipses de soleil sont regardées comme des événements graves et importants pour l'état. Dès qu'elles arrivent, les mandarins doivent aller au palais avec l'arc et la flèche, comme pour venir au secours de l'empereur. Les éclipses de soleil

de la fondation de Carthage. Il y a sur ce fait historique deux opinions principales : L'une reporte la fondation de cette ville au-dessus de l'an 1000 avant Jésus Christ ; l'autre la fait descendre au-dessous de 90 ans avant l'ère chrétienne. Quoiqu'il en soit, la majorité des auteurs place la fondation de cette ville dans l'intervalle qui s'est écoulé entre l'an 814 et l'an 884 avant Jésus-Christ. Cette ville fut détruite l'an du monde 3859.

sont envisagées comme un avis du ciel donné à l'empereur pour examiner ses fautes et se corriger. Or, suivant le cours ordinaire de la nature, ces phénomènes célestes revenant régulièrement, il s'en suit qu'aux yeux de cette nation superstitieuse, l'autorité locale reçoit souvent des avertissements du ciel. Le monarque, jaloux de sa puissance, ne manque pas de se corriger, ou du moins d'en faire semblant. Alors les nœuds sociaux se resserrent, et la révolte devient un vrai sacrilége. Faut-il s'étonner, après cela, que l'état politique de cette nation se conserve fidèlement, et se montre avec la durée imposante de plus de trois mille ans? Si la Chine avait adopté les principes du contrat social de Rousseau, les maximes assez peu conservatrices de la plupart de nos politiques modernes, depuis longtemps elle eût cessé de porter le nom de société civile, et elle eût péri victime des révolutions et des guerres.

Ce n'est pas qu'elle n'ait subi plusieurs fois les effets des guerres et de la conquête: mais suivant la remarque judicieuse d'un homme qui a pu juger de cet empire, « la Chine vaincue plusieurs fois a « réduit ses vainqueurs en les assujettissant à ses « usages, et elle les a tellement changés, qu'en « peu de temps on ne les reconnaissait plus. C'est « une mer qui sale tous les fleuves qui s'y préci- « pitent. Je veux dire que les conquérants de la « Chine ont été obligés de la gouverner selon ses « lois, selon ses maximes et ses coutumes. Ils n'ont

« pu changer ni le caractère, ni la langue chi-
« noise ; ils n'ont pas pu même introduire celle qui
« leur était propre, dans les villes où ils tenaient
« leur cours. En un mot, leurs descendants sont
« devenus Chinois (1). »

Quoique j'aie dit que l'état politique de ce peuple se soutient par le prestige d'une autorité qu'il regarde en quelque façon comme divine, il ne faut pas croire que ses maximes, en fait de gouvernement, y soient complétement étrangères. L'autorité absolue de son empereur est contrebalancée par un tribunal qui a à sa tête les personnages les plus marquants de l'empire. Ce tribunal, dépositaire des usages, des coutumes, des maximes gouvernementales, des principes religieux de la nation, n'est point asservi aux vains caprices du monarque. Il doit religieusement se conformer aux rites de la nation. Ce tribunal des rites doit être considéré, et est en effet un parlement essentiellement conservateur.

La Chine est peut-être le seul empire du monde où le souvenir de la famille se soit le mieux conservé. On connaît l'espèce de culte que les Chinois rendent à leurs parents qui sont morts. Ce culte est-il religieux ou purement civil ? Je ne dois pas examiner cette question dans un écrit de ce genre ;

(1) Lettre du père Parennin, missionnaire en Chine, à M. Dorton de Mairna, de l'académie royale des sciences, écrite de Pékin, 2 septembre 1735, page 170. Lettres édifiantes et curieuses.

mais assurément il est national. Je crois sans peine que c'est ce culte qui leur a fait conserver les vestiges de leur origine, qui ont leur racine dans la famille, comme chez les autres peuples. Qui ne sait combien les usages, les coutumes, les traditions d'une famille sont sacrés et respectables aux yeux des membres qui la composent? Cet attachement, chez les Chinois, s'est converti en une espèce d'orgueil national, qu'il ne faut pas blâmer, quand il n'est pas poussé trop loin. Il est de nature à consolider une société, et à lui assurer une durée indéfinie.

Je ne crois pas déplacées dans cet article les réflexions suivantes d'un missionnaire distingué et savant, qui a évangélisé ce pays pendant un grand nombre d'années : « Avant la dispersion des na-
« tions, les trois enfants de Noé, Sem, Cham et
« Japhet, avaient appris de leur père, du moins
« verbalement, ce qui concernait les sciences et la
« doctrine des mœurs, sans parler des instructions
« qu'ils avaient reçues, avant le déluge, de ceux
« qui étaient les plus âgés. Car ils pouvaient en
« profiter, puisqu'ils étaient déjà mariés quand ils
« entrèrent dans l'arche. Sem et Japhet furent prin-
« cipalement les enfants de bénédiction. Ce der-
« nier ou ses descendants oublièrent bientôt les
« instructions qu'ils en avaient reçues ; mais il n'en
« fut pas de même des descendants de Sem, qui
« ont peuplé la Chine. Ils formèrent de bonne
« heure un grand empire, qu'ils entreprirent de

« gouverner comme une seule famille. C'était le « vrai moyen de perpétuer les grandes règles pour « les mœurs et pour les sciences qu'ils avaient « reçues de leurs ancêtres. Du reste, quel que soit « celui des enfants de Sem, d'où sont sortis les « Chinois, il paraît qu'en entrant dans la Chine, « ils en fermèrent la porte après eux, et ils ont « toujours été fort exacts à ne l'ouvrir qu'aux am- « bassadeurs (1). »

(1) Lettre du père Parennin, déjà citée, pages 168 et 173.

L'antiquité vraie ou supposée de l'empire des Chinois a fort exercé la plume des savants. Les incrédules y ont vu un démenti donné à le narration de Moïse ; les croyants ne se sont pas toujours entendus sur le sens et la valeur des cycles chinois qui forment toute leur chronologie. M. Fréref les a développés d'une manière claire et précise dans sa dissertation sur la chronologie chinoise.

Le premier empereur de la Chine fut Fouhi ou Fohi. Son règne fut postérieur au déluge rapporté par Moïse Il ne faut pas aller au-delà de Fohi, parce que, au jugement même des Chinois, on n'y trouverait qu'obscurités et incertitudes. Confucius dit formellement que Fohi fut le premier empereur chinois. Suivant dom Calmet, il vivait l'an 2352 avant Jésus-Christ. Cette date coïncide assez bien avec la dispersion des descendants de Noé. Ainsi cet empire, qui existe encore aujourd'hui sur un pied assez florissant, a une durée patriarchale, colossale, noble, imposante. Une vie politique pour une nation, qui dépasse 4000 ans, est digne de remarque. Mais son obstination dans les ténèbres du paganisme l'est encore davantage. Comme société politique, cette nation participe à la bénédiction de Sem ; mais comme société religieuse, elle a vraîment la malédiction de Cham.

ARTICLE TROISIÈME.

EMPIRE DES ROMAINS.

Pendant que les empires, dont je viens de parler, portaient dans leurs seins le germe fatal qui devait les anéantir, ou de fait périssaient, tombaient assez tristement, par une suite de ces événements qui sont toujours dirigés par la divine Provipence, (je ne parle pas de l'empire des Chinois qui, sur ce point, fait une exception surprenante), la société civile des Romains s'établissait tout tranquillement sur des bases solides.

Les commencements de sa capitale, devenue plus tard la maîtresse du monde, furent même peu honorables, et assurément très-minimes, puisqu'ils s'élevèrent tout au plus à trois mille personnes, à la tête desquelles ne se trouvaient que trois cents cavaliers. Qui croirait qu'une ville peuplée de bergers et de bannis, deviendrait dans la suite des temps, comme une vaste mer destinée à engloutir les autres empires, qui ne seraient devant elle que comme des ruisseaux, des rivières et des fleuves? Qui croirait qu'une ville déjà si privilégiée dans l'ordre politique et temporel, aurait encore, après avoir consigné dans ses registres publics la naissance et la mort du Sauveur des hommes, le privilége insigne de l'ordre religieux, et serait la capitale de l'univers catholique ! Tels sont les faits que l'empire romain présente à la méditation de l'historien et du philosophe. Je remarque dans l'empire romain trois époques, qui vont faire la matière de cet article.

PREMIÈRE ÉPOQUE.

Les commencements de l'empire romain offrent un mélange bizarre de violence, de brigandage, d'actions héroïques et vertueuses. Romulus, son fondateur, souille son règne par un fratricide; mais il l'ennoblit par l'établissement d'un sénat conservateur. Pour peupler sa nouvelle ville, il paraît outrager les voies sacrées du mariage par l'enlèvement des Sabines, que ne protégèrent pas les règles inviolables de l'hospitalité. Mais en enlevant des femmes qui étaient regardées comme des modèles de chasteté et de pudeur, et qui passaient pour être fort attachées à leurs ménages et à leurs maris, il annonce qu'il voulait effacer, par des alliances si honorables l'espèce de honte de ses commencements. Qui ne sait que la femme sage communique sa vertu à son époux ?

La société civile des Romains fut fondée et dirigée sous la forme royale. Cet ordre de choses subsista sous sept rois consécutifs. Cette période ne fut pas féconde en grands événements; elle fut comme le berceau d'une puissance, qui doit obtenir des accroissements plus considérables. Néanmoins elle se fait remarquer par divers incidents, qui indiquent et le génie créateur de ce peuple, et l'esprit social de ses premiers rois. Cet empire qui, après l'expulsion de ses rois, va devenir si fier, éprouve comme le besoin de se constituer et de s'affermir sous les auspices de la forme monarchique. Il reçoit de la main royale ses lois les plus sages, les plus sûres et les plus durables.

Il est vrai, la royauté tomba, comme pour expier un forfait, et venger l'honneur d'une femme outragée. Mais les lois qu'elle a établies ne sont point répudiées. Pendant cette courte durée de la monarchie, ce peuple se constitue presque irrévocablement dans sa forme gouvernementale, à laquelle la religion fut en quelque sorte inhérente. La monarchie fut immédiatement étayée de l'aristocratie, et l'espèce de démocratie qu'il adopta plus tard, ne fut qu'aristocratiquement constituée.

LE SÉNAT.

Le sénat formait l'aristocratie proprement dite : sa création est aussi ancienne que l'empire. On sait qu'il fut fondé par Romulus, qui de suite porta ses membres au nombre de cent. C'était le conseil de l'empire, et les seuls patriciens devaient y avoir entrée. La naissance, le mérite, la probité, un certain revenu étaient les conditions requises pour avoir place dans cette auguste compagnie. Comme on le voit, le fondateur de Rome ne crut pas que le privilége fût indigne de sa société naissante. Les sénateurs reçurent le nom de Pères, soit pour leur faire plus d'honneur, soit pour marquer et leur âge et leur sagesse consommée. Selon Denis d'Halicarnasse et Plutarque, Romulus ajouta cent autres sénateurs aux premiers. Tarquin-l'Ancien, ou selon d'autres historiens, Tullus Hostilius, créa aussi cent nouveaux sénateurs.

LES COMICES.

Outre le sénat il y avait encore dans l'empire romain une espèce de démocratie presque aristocratiquement constituée. Je veux parler des comices romains. Après la fondation de Rome, la république naissante, ou plutôt l'armée du fondateur composée d'Albins, de Sabins et d'étrangers, fut divisée en trois classes qui, de cette division, prirent le nom de tribus. Chacune de ces tribus fut subdivisée en dix curies, et chaque curie en décuries, à la tête desquelles on mit des chefs appelés curions et décurions. Le chef de chaque curie était prêtre, il devait avoir soin des sacrifices et des fêtes particulières à chaque curie. Tous les curions avaient au-dessus d'eux un chef supérieur auquel on donnait le nom de grand curion : *Curio maximus*.

Cette division primitive du peuple romain, faite par Romulus, reçut quelques modifications sous Servius Tullius, sixième roi de Rome.

Romulus, en instituant les curies, avait eu en vue de contenir le sénat par le peuple, et le peuple par le sénat, en dominant également sur tous. Par cette forme il donna au peuple toute l'autorité du nombre, pour balancer celle de la puissance et des richesses qu'il laissait aux patriciens. Mais selon l'esprit de la monarchie, il laissa cependant plus d'avantages aux patriciens, par l'influence de leurs clients sur la pluralité des suffrages. Cette admirable institution des patrons et des clients, qui consistait à mettre les petits sous la protection des grands, et à engager le petit peuple dans les intérêts du sénat, fut un chef-d'œuvre de politique et d'humanité. Rome seule a eu l'honneur de donner au monde ce bel exemple, duquel il ne résulta jamais d'abus, et qui pourtant n'a jamais été suivi. C'est la remarque de Jean-Jacques Rousseau dans son Contrat social; j'y souscris sans peine. Mais si le philosophe genevois avait voulu se donner la peine de jeter un coup-d'œil moins dédaigneux ou moins prévenu sur le catholicisme, il aurait vu subsister ce bel exemple dans Rome chrétienne, qui donne aux empires et aux particuliers des patrons d'un ordre plus respectable, dans ce tribunal spécialement consacré à la canonisation des saints, tribunal qui offre à la société des patriciens aimés de Dieu, et aimant les hommes. Le lecteur me pardonnera cette légère digression.

Ces différentes divisions légitimement convoquées s'appelaient *comices*. Ces assemblées se tenaient ordinairement dans la place de Rome, ou dans le Champ-de-Mars, et se distinguaient en comices par curies, comices par centuries et comices par tribus, selon celle de ces trois formes sur laquelle elles étaient ordonnées. Sous les rois, les comices n'eurent lieu que sous les deux premières formes. Quoiqu'ils eussent établi les tribus, ils n'avaient jamais voulu que les comices eussent lieu sous ce titre, ils sentaient trop la haute importance du sénat conservateur. Ils voulurent donc que cette démocratie fût presque aristocratiquement constituée. Car la division par curies était très favorable à l'aristocratie, puisque les curies, qui avaient leurs clients, devaient naturellement embrasser le parti des patriciens leurs patrons.

En parlant des comices, Jean-Jacques Rousseau dit que le peuple romain était véritablement souverain de fait et de droit. Mais il se trompe, en ce point, comme sur d'autres, qui a rapport à cette question délicate très débattue, et qui ne se décidera jamais en faveur de la souveraineté du peuple. Il me fournit lui-même la réponse à son assertion. Selon lui, « pour que les comices fussent légitimement assemblés, et que ce qui s'y faisait eût « force de loi, il fallait trois conditions : La pre« mière, que le corps ou le magistrat qui les con« voquait fût revêtu pour cela de l'autorité néces« saire ; la seconde, que l'assemblée se fît un des

« jours permis par la loi ; la troisième, que les « augures fussent favorables (1). » Ainsi, la première condition suppose évidemment la nécessité d'un chef dépositaire de l'autorité sociale, qui, comme je l'ai dit, ne vient pas du peuple. Je conviens avec lui que la seconde condition n'était qu'une mesure de police. Mais la troisième fait comprendre que ce peuple si fier voulait l'intervention du ciel par la faveur des augures. Il reconnaissait donc que l'autorité qui le convoquait sous une forme quelconque venait de Dieu et non de lui. Comment alors soutenir qu'il fût souverain de fait et de droit ? Il avait trop de bon sens, pour se repaître de la fumée d'une souveraineté si illusoire. S'il s'était envisagé comme maître absolu et indépendant de toute autorité, il n'aurait pas fait élever dès le principe, au milieu de lui, un temple en l'honneur du Dieu des conseils, reconnaissant par là que la divinité devait présider à ses délibérations.

SECONDE ÉPOQUE.

Tout en conservant la plus grande partie de la forme primitive de son gouvernement, l'empire romain va subir une nouvelle phase, par l'expulsion de ses rois. L'attentat porté à la pudeur d'une dame romaine par le fils de Tarquin-le-Superbe n'en fut que le prétexte, et l'amour de la liberté la vé-

(1) Contrat social, des comices, page 170.

ritable cause. Il est aisé de comprendre que la forme royale et monarchique aurait eu bien de la peine à dominer ce mélange d'aristocratie et de démocratie qu'elle crut devoir établir. Aussi Brutus perd-il bientôt sa folie, quand l'occasion favorable se présente, pour émouvoir le peuple, et lui faire secouer le joug royal, que la fierté de Tarquin avait rendu plus insupportable. Cet empire, entrant dans sa seconde époque, va parcourir une période de près de cinq cents ans, sous une forme aristocratique et plus populaire, dirigée par des consuls, des dictateurs chargés de remplacer la monarchie, et des tribuns nommés spécialement pour le peuple.

Dès lors, les curies tombèrent en discrédit, et les comices eurent ordinairement lieu par tribus. Ils devinrent à proprement parler le conseil du peuple; ils ne se convoquaient que par les tribuns, qui y étaient élus, et y passaient leurs plébiscites. Le sénat fut entièrement exclus de ces assemblées; forcé d'obéir à des lois sur lesquelles il n'avait pas pu voter, à cet égard, il était moins libre que les derniers citoyens. Ce point de vue n'était pas le plus beau côté de la forme gouvernementale de la république; car toutes les lois romaines qui portent le nom de tribunitiennes respirent souvent la haine, la cabale, l'oppression et même l'injustice.

Dans cette expulsion des rois, qui fut rendue irrévocable par le patriotisme des Romains, on a cru voir un obstacle de moins au développement d'un peuple secondé, il est vrai, par ses vertus civiles, mais qu'une main invisible, plus que la conquête de la liberté, conduisait à une monarchie universelle.

Il faut en convenir, cette seconde époque présente sans contredit une des plus belles pages de l'histoire des Romains. Faudrait-il prendre de là occasion de louer outre mesure le gouvernement républicain ? Non, assurément non. Ce prestige étayé de faits réels et imposants ne doit pas entraîner le logicien impartial, qui ne se laisse pas séduire par l'écorce, et qui aime à fouiller jusques dans le cœur de l'arbre. Or, l'écorce de la république produisit-elle, tout en la retenant, la sève qui alimenta cet arbre social ? Sa puissance fut toute entière dans le maintien des formes primitives, moins la royauté, quant au nom, et avec la royauté en effet, qui reparut sous un nom emprunté, pour ne pas offusquer les regards trop délicats de ce peuple. Car, neuf ans après la création des consuls, ce peuple ne se crut pas assez appuyé par cette forme ordinaire, et il voulut opposer à la royauté qui le menaçait de son retour, une autre espèce de royauté dans la personne d'un dictateur, d'un magistrat souverain et absolu.

Le dictateur ne hélisait que dans les cas extraordinaires, comme de sédition, de péril pour la république, de quelques grandes guerres, ou autres occasions pressantes. Alors, on n'avait point recours aux suffrages, ni aux assemblées du peuple ;

mais le consul recevait ordre du sénat de pourvoir aux besoins de la république, et de choisir, entre les personnes consulaires, celui qui serait le plus en état de défendre la patrie. Le dictateur avait une autorité sans bornes; il avait droit de vie et de mort sur les citoyens ; il disposait absolument des affaires, de la guerre et de la paix ; il pouvait lever des troupes, les mener en campagne, les licencier, en un mot faire tout ce qu'il trouverait à propos, sans rendre aucun compte au sénat. Pendant sa dictature, tout autre pouvoir cessait, même celui des consuls; on en exemptait toujours celui des tribuns chargés spécialement du maintien des lois sacrées. Ainsi toutes les formes gouvernementales se taisaient devant le dictateur, mais la présence des tribuns indiquait que bientôt elles reprendraient leur cours ordinaire.

Ce devait être un spectacle fort grave, que de voir se promener dans cette ville si jalouse de ses droits, un seul homme, précédé de ses vingt-quatre faisceaux et d'autant de haches ; un seul homme dominant le consulat, le sénat et les assemblées du peuple. Cette royauté, quoique transitoire, car elle ne durait que six mois ou un an, est remarquable dans le sein d'une république, qui, sans donner à comprendre qu'elle regrettait la royauté abolie, y revenait franchement, quoique sous un nom différent, et s'assujettissait à une espèce d'absolutisme pour le salut de la patrie, donnant à comprendre que le pouvoir d'un chef suprême était une garantie pour un empire. Belle leçon pour nos politiques modernes, qui, sous une forme de gouvernement presque semblable à celle des Romains, ont refusé à la royauté ce que cette fière république respectait. Il est vrai, cet absolutisme n'était que passager; alors ce chef suprême n'avait que le temps de pourvoir au besoin qui l'avait fait élire, et il n'avait pas celui de songer à d'autres projets.

Néanmoins, seize ans après l'établissement de la république, et sept ans après la nomination de de leur premier dictateur, les Romains se virent exposés à de grandes extrémités, dont ils sortirent avec honneur et gloire, en donnant à la forme démocratique une plus grande extension. Maltraité par les sénateurs et les usuriers, qui avaient pris le nom de partisans, le peuple se retira sur le Mont-Sacré, comme pour indiquer qu'il voulait que ses droits le fussent de même. Cette séparation devait avoir pour l'empire les suites les plus funestes; la nomination d'un dictateur, qui ne se prenait alors que parmi les patriciens, eût été sans effet. L'éloquence de Memnius Agrippa, en ramenant les esprits, sauva la république. Mais le peuple, en rentrant à son poste, se munit de la sauve-garde des tribuns et de la loi sacrée.

On voit que le peuple romain fait promptement des expériences; mais c'est plutôt pour s'affermir dans ses formes de gouvernement, que pour se lancer dans une démagogie outrée. En exigeant la création du tribunat, qui ne devait pas cesser ses fonctions même en présence du dictateur, la fierté de ce peuple annonce qu'il ne veut commander que légalement, et non par une force grossière et brutale. Il se fortifie par de nouveaux ressorts administratifs, mais il respecte toujours les anciens. Exemples dignes d'être médités par un peuple moderne qui, peut-être sur ce point, ne s'est pas montré fort docile aux leçons de l'expérience, et qui, en voulant s'abriter contre la puissance des grands par le renversement de sa primitive constitution, ne s'est pas rendu plus heureux, et s'est peut être forgé de nouveaux fers, d'autant plus dangereux, qu'ils sont moins sentis, parce qu'ils semblent être son ouvrage. Jean-Jacques Rousseau fait sur le tribunat romain une réflexion qui me paraît être fort juste : « Quand on ne peut établir une « espèce de proportion entre les parties constitutives « de l'état, ou que des causes indestructibles en « altèrent sans cesse les rapports, alors on institue « une magistrature particulière qui ne fait point « corps avec les autres, qui replace chaque terme « dans son vrai rapport, et qui fait une liaison au « moyen terme soit entre le prince et le peuple, « soit à la fois des deux côtés, s'il est néces-« saire (1). »

Les tribuns, qui devaient être plébéiens, firent une large brèche à la loi des patrons et des clients, loi sage qui établissait entre les grands

(1) Contrat social, livre IV, chapitre V, page 177.

et le peuple une garantie de confiance. Cette création arrachée à la forme gouvernementale de l'empire par des circonstances urgentes, mais fâcheuses, mit en permanence une sorte de défiance entre l'aristocratie et la démocratie. Bientôt ce moyen terme, établi entre ces deux classes sociales, s'éloigna insensiblement de son but primitif, et il dégénéra en tyrannie, quand, au lieu de veiller à la conservation des lois, il voulut se mêler d'en faire lui-même. Car par la suite, la puissance des tribuns devint si grande à Rome, que les fiers patriciens, qui méprisèrent toujours le peuple entier, furent forcés de fléchir devant un simple officier du peuple, qui n'avait ni auspice, ni juridiction. Les tribuns du peuple ne furent d'abord que deux, puis cinq, enfin dix : le sénat leur laissa tranquillement la faculté d'arriver à ce nombre, bien sûr de contenir les uns par les autres, ce qui ne manqua pas d'arriver. « C'est ainsi dit Rousseau, « que le tribunat s'affaiblit comme le gouverne« ment, par la multiplicité de ses membres (1). » Le tribunat servit souvent de prétexte aux brouilleries, et les empereurs en profitèrent adroitement pour s'emparer de l'autorité souveraine. C'est ainsi que le peuple romain, en mettant sous la protection des tribuns ses droits réels ou prétendus, se prépara de loin et sans s'en douter, de nouveaux fers. Du reste, depuis l'établissement des tribuns, la ré-

(1) Contrat social, liv. III, chapitre V, page 97.

publique romaine fut assez tranquille durant l'espace de près de trente ans ; le sénat et les consuls dirigeaient toujours les affaires, et le peuple avait moins de crainte, parce qu'il se sentait appuyé par ses tribuns ; mais le décemvirat troubla pour quelques instants, le calme de cette mer sociale et politique. Les décemvirs furent créés à la place des deux consuls. C'était des hommes considérables et habiles, que l'on avait choisis, pour recueillir parmi les lois de la Grèce, celles qui étaient les plus propres et les plus convenables à l'état de Rome. On fit graver sur des tables d'ivoire, les lois que les décemvirs approuvèrent.

Cette république, en devenant plus puissante, veut aussi étendre sa législation, qui depuis longtemps avait consisté dans des coutumes particulières. Le droit qui résultait de ces coutumes était plus incertain que celui des lois qui avaient été abolies par l'autorité de la loi *tribunitia*. Il n'était plus possible de les faire revivre. On voulut donc les remplacer, comme pour combler un vide ou une lacune. On eut recours à l'aristocratie et à une espèce d'autorité plus souveraine, pour asseoir plus sûrement cette législation, et poser les fondements de la jurisprudence de l'empire. Les décemvirs avaient un plein pouvoir de corriger et d'interpréter ces lois. La table qui les contenait fut apportée sur la tribune aux harangues, et y demeura exposée, afin qu'elles fussent en vue à tout le monde. Comme on le voit, le peuple n'avait que le droit d'inspection. Les décemvirs le prouvèrent bien, puisque l'année suivante, sans que le peuple le demandât, ils corrigèrent ces premières lois, et ajoutèrent de nouvelles tables ; on nomma toutes ces lois réunies, les lois des douze tables.

Munie d'une législation plus régulière, pour l'établissement de laquelle elle avait presque supporté l'absolutisme, la république romaine se lassa bientôt du pouvoir tyrannique des décemvirs. L'autorité consulaire plus analogue à ses goûts fut mise de nouveau en jeu, après une interruption de cinq ans. Les insultes faites à une fille romaine (Virginie) par un des décemvirs (Appius Claudius) animèrent le peuple contre ces magistrats trop absolus, et lui firent craindre avec raison un plus grand abus de pouvoir ; car les antécédents n'étaient pas heureux. Ce rétablissement de l'autorité consulaire calma bientôt cette tempête. On eût dit une mer en furie rejetant de ses flots les écumes étrangères. Leçon digne d'être méditée par les personnes puissantes ou privilégiées dans la société, qui souvent profitent de leur prééminence, pour se livrer à de pareils abus, et peut-être sont plus heureuses chez les peuples modernes, qu'elles ne l'eussent été chez les Romains.

Délivré de cette entrave, car c'en était une pour sa liberté, l'empire romain, pendant une période de quatre cent cinq ans, va marcher de conquêtes en conquêtes, étonner l'univers par ses grands hommes, ses guerres civiles amenées par son funeste triumvirat ; ainsi ensanglanté et couvert de lauriers, il entre dans sa troisième époque que je fais commencer sous Jules César.

TROISIÈME ÉPOQUE.

Après avoir anéanti les fières républiques de la Grèce, après s'être créé des vassaux dans presque tous les royaumes de l'univers, la république romaine, si jalouse de sa liberté, se prépare à l'ensevelir dans une espèce de tombeau, en décernant à Jules César la dictature perpétuelle. Il semble que rien ne coûte à un peuple qui se laissa toujours prendre par les appas de la victoire. Pendant l'espace de près de cinq cents ans, il n'avait distribué les honneurs et le pouvoir qu'avec une sage économie. On dirait qu'à ses yeux la liberté n'est plus qu'une illusion, quand le plus habile et le plus grand capitaine du monde vient réclamer auprès de ce peuple fidèle à la voix de la reconnaissance, un pouvoir que paraissait exiger la fin des guerres civiles. Aussi lui érige-t-il un trône, un temple, et lui donne-t il un prêtre particulier ; prérogatives qui ne sont attachées qu'à la Divinité.

Cet événement qui eut lieu vers l'an de Rome sept cent dix, un peu moins d'un demi siècle avant Jésus-Christ, présente à l'observateur éclairé son côté philosophique. La forme populaire s'incline devant les trophées de la victoire ; elle semble vouloir réparer sa faute par les vingt-quatre coups de poignards donnés à César ; mais elle s'abaisse de nouveau devant Auguste son successeur, et disparaît entièrement absorbée par les prestiges de l'empire. Néanmoins la forme aristocratique subsiste toujours suivant sa primitive institution. Elle avait subi d'assez notables altérations par les exigences des tribuns populaires. Caius Gracchus avait fait introduire dans cette assemblée éminemment aristocratique trois cents sénateurs tirés de l'ordre des chevaliers. Jules César voulant gratifier ceux qui avaient suivi son parti, augmenta considérablement le nombre des sénateurs, et y reçut toutes sortes de gens sans distinction. L'empereur Auguste crut devoir purger cet ordre, et le réduire au nombre de six cents. Cette démarche d'un monarque qui gouvernait l'empire au moment où il se trouvait à son plus haut apogée, indique que ce n'est pas le trop grand nombre qui doit former le conseil nécessaire à l'administration d'une puissante monarchie.

La première monarchie de l'univers fut fondée par un conquérant, et la première république qui eut l'honneur d'être la maîtresse du monde, revient à la monarchie, oubliant qu'autrefois elle bannit ses rois, et conduite, comme par la main, par la divine Providence, pour se disposer à coucher dans ses registres publics la naissance selon la chair du fils unique de Dieu, qui ne voulut point venir au monde sous la souveraineté d'une république. Ainsi, pendant que l'empire romain ferme son temple indicateur de la paix, par les mains d'un puissant monarque, et a recours à une aussi imposante application de l'autorité sociale, l'autorité divine s'abaisse sous les dehors de l'humanité, pour sauver le genre humain, et introduire dans le monde une royauté spirituelle, devant s'asseoir un jour sur le trône même des Césars.

Du reste, la république romaine, en adoptant la forme impériale et monarchique, ne se lança pas vers un absolutisme déraisonnable, et qui aurait répugné à ses mœurs politiques. Néanmoins, sa liberté première, soutenue par le triumvirat, qui fut anéanti par la valeur et l'habileté de César Octavien, se couvrit d'une espèce de voile lugubre. Tel est le sort des républiques brillantes qui ordinairement fournissent de grands hommes qui savent les asservir par le prestige de leurs vertus guerrières. Tel a été, il n'y a pas un siècle, le sort d'une république moderne, qui, après avoir lancé ses quatorze armées sur les bras de l'Europe étonnée, a subi le joug d'un conquérant sorti de ses rangs, et portant ses armoiries.

Quand on aborde cette troisième époque de l'empire romain, surtout depuis la prédication et la mort de Jésus - Christ, on trouve un je ne sais quoi qui indique plus clairement qu'il porte en lui un principe de dissolution. Il est vrai, ce colosse de puissance se soutient encore par le seul poids de sa masse; mais chaque coup qu'il porte au Christianisme naissant retombe sur lui. On sent qu'une pierre s'est détachée de la montagne, et qu'elle se dispose à devenir elle-même une autre montagne destinée à remplir toute la terre (1). On voit cet empire jadis si célèbre par sa modération, parcourir une période de trois cents ans, donnant à l'univers le spectacle étrange et bizarre de persécutions sanglantes que sa politique ne devait pas justifier. L'amour du luxe mine sourdement sa première vigueur, et il est assez insensé pour exercer sa rage contre une religion sublime, qui seule se soutient, sans qu'il s'en doute. Dans son délire aveugle, il veut qu'il n'y ait dans sa domination point d'autres dieux que ceux qu'il adore ; il exige que l'on offre des sacrifices au génie de ses empereurs, et il ne s'aperçoit pas que c'est ce génie même qui le perd. Les fureurs de l'empire romain contre le Christianisme naissant ont blessé toutes les règles d'une saine politique ; elles eussent introduit dans son sein toute la violence de la discorde civile et du droit de représailles, si la doctrine du Christ eût été moins pure, et la vie des premiers chrétiens moins irréprochable.

Qui le croirait? toujours impénétrable dans ses desseins, la divine Providence se dispose en quelque sorte, par ces persécutions terribles qu'elle permet, à planter la croix régénératrice sur le Capitole ; elle change tout-à-coup ce lion redoutable

(1) Expressions du prophète Isaïe, pour annoncer le règne de Jésus-Christ et la fin des quatre grandes monarchies.

en agneau. L'instrument d'ignominie ennobli par la mort de Jésus-Christ, après avoir conduit à la victoire un de ses empereurs, Constantin-le-Grand, est introduit dans les armoiries de cet empire.

La conversion de Constantin dépouille cette société civile de son aversion pour le Christianisme. Assise sur le trône des Césars, la religion du Christ devient la religion de l'état; elle rajeunit en quelque sorte cet empire, qu'une longue suite de siècles et de victoires couvrait des rides de la vieillesse, et sans peine elle obtient une sympathie que réclamait un grand nombre de ses citoyens.

Cet appel miraculeux d'un empereur des Romains aux lumières du Christianisme, doit être considéré comme un événement important, non-seulement dans l'ordre religieux, puisque dès lors il est permis aux rois de se rendre dociles aux leçons de l'Eglise, mais encore dans l'ordre politique et social. Qui ne comprend qu'en se plaçant sur le trône le plus noble de l'univers, la religion du Christ devient comme naturellement associée aux matières civiles, sociales et gouvernementales? Ce fait seul, quoiqu'on en dise, va introduire, je ne dis pas de suite, mais insensiblement, un changement notable dans les diverses monarchies du monde régénéré, ou plutôt, il va disposer les différents peuples, à mesure qu'ils embrasseront le Christianisme, à former des sociétés civiles dignes d'entrer en parallèle avec ces fameuses monarchies de l'antiquité, qui semblaient nées pour servir de modèles aux autres.

Depuis Auguste, jusqu'à sa chute définitive, l'empire des Romains n'offre rien de saillant dans sa forme gouvernementale. La succession au trône se fait par l'hérédité, l'élection et l'adoption : l'application de ces trois modes fut assez heureuse, et répara même les suites fâcheuses qui avaient pu résulter de la forme héréditaire.

Quoiqu'il en soit, l'empire romain, dans ses différentes phases politiques et gouvernementales, comprit fort bien les règles sociales. Loin d'être asservi chez lui, le peuple parut être roi, quoique dans le fond il fut loin de l'être. Toutes les classes sociales eurent une part quelconque à l'administration. Souvent la pourpre romaine ne dédaigna point les épaules de l'obscur roturier, qui s'était élevé par ses talents, son mérite, et quelquefois son ambition. On peut dire que l'empire romain succomba de vieillesse, et comme pour obéir à la divine Providence, qui appelait les diverses nations à partager ses dépouilles et à recueillir sa succession.

La chute définitive de cet empire colossal, unique dans les fastes du monde, nous offre le tableau de ces arbres antiques détruits successivement par le temps. Quoique ces arbres dépouillés d'une grande partie de leurs rameaux soient creusés jusques au cœur, la chute de leurs troncs produit toujours un fracas qui étonne le sol qui les a produits. Ainsi dut trembler le sol social à la chute du dernier tronc d'un empire, dont les rameaux abattus avaient déjà formé de florissantes monarchies, d'un empire se présentant avec l'imposante durée de deux mille cent deux ans (1).

(1) L'empire romain fut fondé l'an du monde 3256. Il conserva la forme royale pendant près de 245 ans. La république dura pendant près de 500 ans. Enfin il fut administré par la forme impériale depuis l'an du monde 3973, jusqu'à l'an de Jésus-Christ 1453, époque de la destruction de l'empire d'orient, qui est une fraction de l'empire des Romains, et qui fut englouti définitivement par la puissance barbaresque des Turcs ou Ottomans. L'empire d'occident avait succombé l'an de Jésus-Christ 452, sous les efforts réitérés et les attaques fréquentes des nations barbares.

FIN.

BIBLIOTHEQUE ROYALE

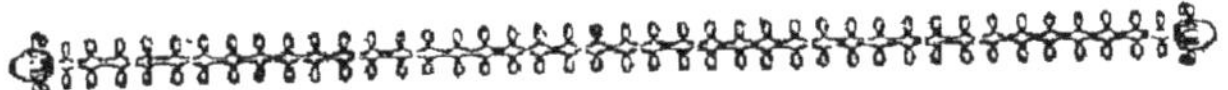

TABLE

GÉNÉRALE DES MATIÈRES.

LIVRE SECOND.

LIVRE TROISIÈME.

LIVRE QUATRIÈME.

LIVRE CINQUIÈME.

FIN DE LA TABLE.

ERRATA.

Page 131, ligne 22, au lieu de : *Opinion*, lisez : *Origine.*
Page 131, ligne 1 de la note 1, au lieu de : *Yames*, lisez : *James.*
Page 132, ligne 7, au lieu de : *Mannacus*, lisez : *Nannacus.*
Page 132, ligne 9, au lieu de : *Sauchoricaton*, lisez : *Sauchoniaton.*
Page 168, ligne 5, au lieu de : *Était*, lisez : *Être.*
Page 168, ligne 6, au lieu de : *Qui*, lisez *Que.*
Page 193, ligne 8 de la note, au lieu de : *Arban*, lisez : *Arbace.*
Page 194, ligne 2, au lieu de *Minès*, lisez : *Ménès.*
Page 212, ligne 21, au lieu de : *Les*, lisez : *Ces.*
Page 213, ligne 4 de la note, au lieu de 90, lisez : 900.

www.ingramcontent.com/pod-product-compliance
Ingram Content Group UK Ltd.
Pitfield, Milton Keynes, MK11 3LW, UK
UKHW012022240726
13965UKWH00002B/520

9 782013 042369